JN099881

会社別就活ハンドブックシリーズ

2025

ニトリ HD の
就活ハンドブック

就職活動研究会 編
JOB HUNTING BOOK

は じ め に

　2021年春の採用から，1953年以来続いてきた，経団連（日本経済団体連合会）の加盟企業を中心にした「就活に関するさまざまな規定事項」の規定が，事実上廃止されました。それまで卒業・修了年度に入る直前の3月以降になり，面接などの選考は6月であったものが，学生と企業の双方が活動を本格化させる時期が大幅にはやまることになりました。この動きは2022年春そして2023年春へと続いております。

　また新型コロナウイルス感染者の増加を受け，新卒採用の活動に対してオンラインによる説明会や選考を導入した企業が急速に増加しました。採用環境が大きく変化したことにより，どのような場面でも対応できる柔軟性，また非接触による仕事の増加により，傾聴力というものが新たに求められるようになりました。

　『会社別就職ハンドブックシリーズ』は，いわゆる「就活生向け人気企業ランキング」を中心に，当社が独自にセレクトした上場している一流・優良企業の就活対策本です。面接で聞かれた質問にはじまり，業界の最新情報，さらには上場企業の株主向け公開情報である有価証券報告書の分析など，企業の多角的な判断・研究材料をふんだんに盛り込みました。加えて，地方の優良といわれている企業もラインナップしています。

　思い込みや憧れだけをもってやみくもに受けるのではなく，必要な情報を収集し，冷静に対象企業を分析し，エントリーシート作成やそれに続く面接試験に臨んでいただければと思います。本書が，その一助となれば幸いです。

　この本を手に取られた方が，志望企業の内定を得て，輝かしい社会人生活のスタートを切っていただけるよう，心より祈念いたします。

就職活動研究会

Contents

第1章

ニトリHDの会社概況

会社によって選考方法は千差万別。面接で問われる内容や採用スケジュールもバラバラだ。採用試験ひとつとってみても，その会社の社風が表れていると言っていいだろう。ここでは募集要項や面接内容について過去の事例を収録している。

また，志望する会社を数字の面からも多角的に研究することを心がけたい。

✔ グループ理念

■ロマン

住まいの豊かさを世界の人々に提供する。

■ビジョン

2003 年　100 店舗 売上高 1,000 億円達成

2009 年　200 店舗 売上高 2,000 億円達成

2012 年　300 店舗 売上高 3,400 億円達成

2017 年　500 店舗 売上高 5,500 億円へ

　　　　　日本の暮らしを変革・グローバルチェーン展開の本格的なスタートへ

2022 年　1,000 店舗 売上高 1 兆円へ

　　　　　世界でドミナントエイリアを拡大し，暮らしの変革へ

2032 年　3,000 店舗 売上高 3 兆円へ

　　　　　世界の人々に豊かな暮らしを提案する企業へ

「ロマン」を原点に，「ビジョン」の実現をめざし続けます。

ニトリは，「住まいの豊かさを世界の人々に提供する。」というロマン（志）を社員一人ひとりが企業行動の原点として共有しています。そして，社員の力を結集して長期ビジョンの実現に全力を尽くすことを企業活動の指針と位置づけています。ロマンを原点に，ビジョンを実現していくことで，ニトリはお客様をはじめとしたステークホルダーの皆様とともに多様な豊かさを分かち合っていきたいと考えています。

✔ 会社データ

代表者	代表取締役会長　似鳥 昭雄 代表取締役社長　白井 俊之
住所	【東京本部】 〒115-0043 東京都北区神谷三丁目6番20号 Tel（03）6741-1235 【札幌本社】 〒001-0907 札幌市北区新琴似七条一丁目2番39号 Tel（011）330-6200
売上高	948,094百万円（2023年3月期[連結]）
経常利益	144,085百万円（2023年3月期[連結]）
資本金	13,370百万円
従業員数	18,909人（外、平均臨時雇用者18,420人） 注：2023年3月期（連結） ※従業員数は就業人員であり、臨時従業員数は( )内に 年間の平均人員(1日8時間換算)を外数で記載しております。

✔ 仕事内容

STAFF

経営に関わる仕事：経営層に会社全体の方針や政策を起案し、実行までの責任を担います。

組織開発室

ビジョン達成に向けた「未来組織図」と「未来の職位」のシミュレーションと、それを実現する人づくり・組織づくりを使命とする。多数精鋭主義を掲げるニトリにおいて、組織づくりは会社の根幹。従業員一人ひとりが働きやすく、安心して活躍できる環境を実現するため、ニトリグループ全体の制度を設計している。人づくりにおいてはニトリグループ全社員の配転を担っており、毎回約100件にものぼる配転起案は、個人が描くキャリアを把握したうえで、将来のありたいスペシャリスト像から逆算して必要なステップを考えながら実施されている。また、社内報などを通して従業員に社内外の情報を発信し、キャリアづくりをサポートする人事広報グループ、従業員のキャリアデザインを支える活躍サポートグループなど、人に関するあらゆる面から従業員をサポートしている。

広報部

ニトリグループの企業価値を高めるため、商品やサービスに関する情報を社外に正しく発信する役割を果たす。会社の顔として、自社の活動内容や情報を分かりやすく伝え、社会との接点を多く生み出すことで、企業イメージや認知度の向上に貢献している。長期的な視点からニトリファンを増やし、企業の安定的な存続と成長を支える。

法務室

ニトリグループが健全で持続的に発展・成長できるよう、法的な支援を担う法律のプロフェッショナル。契約案件の審査や訴訟対応、株主総会・取締役会の運営をはじめ、知的財産権に関する対応や海外グループ会社の法務関連業務にも携わる。弁護士資格を有するメンバーも在籍し、法律家の立場から新規事業や取引先への助言・提案を行う。現在は、意匠・特許や商標といった権利を主張し、企業価値の最大化を図る「攻めの法務」にも注力。また、法的リスクの増大に鑑み、従業員の法的リテラシーの向上を目的に、コンプライアンス研修の開催や「法務室だより」の発行などの啓蒙活動も行い、従業員のコンプライ

アンス意識の向上に寄与している。

SDGs 推進室

ニトリグループのサステナビリティ方針や重要課題の設定・見直し、ESG/サステナビリティ活動を集約・整理しながら社内外へ広く浸透させる役割を担う。国の方針や世界の動向、他社事例など、外部環境にアンテナを高く張り、今後もお客様に支持される企業であるための価値を、各部署と連携して創造することが使命。原材料の調達から製造、物流、販売、アフターサービスまで全てを自社で行っているからこそ、実施できる取り組みは多岐にわたる。また、ESG/SDGs に関わる広報業務も担当し、お客様に、安さや品質の安全性、コーディネートの手軽さだけでなく、サステナビリティ活動についても知っていただくことで、ニトリのイメージ改革を進める。また、寄付や協賛などの外部対応や似鳥国際奨学財団の業務など、会社の対外的な窓口としての業務も遂行する。

service

事業を支える仕事：会社を支える「人」の採用や育成、強い組織づくりをサポートします。

財務経理部

企業活動に起因するお金の管理を行う。適切な会計処理と帳簿の作成、グループ会社の業績数値管理を担い、グループ全体の業績を取りまとめて会社の経営判断に必要な数値を報告する。また、グループ会社の経理、財務、税務における指導を行うことも。上場企業として法定決算開示を実施し、さらに株主や投資家に対して IR や決算説明会などで情報を開示し、安定株主の確保を目指す。そのほか、会社の重要な資産である現預金について、日々の入出金情報を管理し、企業活動に必要な資金が潤沢に確保される状態を保つため、必要に応じて金融機関から資金調達を行う。税務上正しい処理がなされているかの精査など、決められた期間で正しい所得計算を実施し、税務申告、納税をすることも大切な役割。会社の状態を数値分析し、将来の企業活動に向けた経営判断のサポートもしている。

人材教育部

ロマンとビジョンを達成するために必要な多数のスペシャリストを育成する部署。新入社員から経営幹部に至るまでの教育体系を構築し、研修の企画・運営を行う。ニトリマンとしての姿勢を身に付けることと、ロマンとビジョンの共

有をベースとしながら、さらに「観察・分析・判断」のスキルを身に付けて、問題解決力と諦めずにやり遂げる行動力を備えたリーダーシップを育む教育を行う。

対面研修だけでなく、自発的に取り組む改善・改革推進活動の「NWC」やコーディネートスキル向上のための社内講座「NCS」の企画・運営、さらには、職能資格試験・教育マイレージの運営など、あらゆる角度から教育・成長機会を提供している。従業員の成長を促し、なりたい姿に導くことが部署の使命。

新卒採用部

就職活動をしている学生にニトリの魅力を伝え、ニトリが求める人材を見つけ出すことが使命。リクルーターは、採用戦略の設計からインターンシップの開催、会社説明会、面接、内定後のフォローまでを一貫して担う。学生の就職に対する不安や悩みに寄り添うため、学生目線に近い入社3～6年目社員を中心に構成され、1対1で徹底的に向き合えるサポート体制を整えている。変化の激しい採用市場に対応するため、最新の情報と学生のニーズとを掛け合わせ、学生向けの全てのイベントをゼロから企画していく。一見華やかな仕事のイメージがあるが、イベントの開催には入念な準備が必要となるため、会場手配や資料作成、日程調整、備品手配、リハーサルなどバックオフィスの業務も多い。いかに業務を効率化し、学生と向き合う時間を捻出できるかが大きなカギとなる。

総務部

従業員の働く満足度向上、生産性の向上、会社全体のコスト削減を柱とし、さまざまな面から労働環境の改善に取り組む。職務分掌が明確でない範囲を積極的にこなすなど、会社全体の利益のために献身的な姿勢で業務を実施している。また、他社との商談も多いため、立場や職位を超えた幅広い関係性を築くことができる。一方で、高いコミュニケーション力と交渉力が問われる部署でもある。全社会議の運営、会社所有の施設・設備の管理、保養所や研修センターの立ち上げなど、仕事内容は多岐にわたる。そのほか、SDGs に代表される社会課題についても積極的に関与する。

LINE STAFF

事業を円滑にする仕事：営業活動上のさまざまな課題に対して、技術的な面から解決に導きます。

情報システム改革室

誰もが楽に使えるシステム構築のため、企画から開発、運用、導入、管理までを一貫して行い、「ムダ・ムラ・ムリ」を省いて業務の効率化を図る。システムはユーザーである従業員が使いやすくなければ意味がないため、導入前には利用者の状況や改善要望を基に、会社の経営方針や戦略に沿ったIT投資起案をCIO（最高情報責任者）に提言する。導入後も稼働状況を管理し、障害発生時には迅速な復旧作業にあたる。ニトリグループを支えるシステムの大部分において「自前主義」を貫いているため、ITスキルだけでなく現場視点での問題解決力も求められる。近年、社内のDX化を推進していくため、IT人材の育成にも力を入れており、現場からの配転強化に加え、IT人材の新卒採用も行っている。

店舗開発部

2032年3,000店舗というビジョン達成に向けて、出店攻勢を一手に担う部署。競合他社の出店状況、地域の人口、商圏、交通手段などの調査・分析、出店候補地起案、出店交渉に至るまで、新店舗オープンに関する一連の業務を、不動産業者を介さず全て自前主義を貫き実行する。地主様やオーナー様との交渉は数年がかりで行うこともあり、信頼関係の構築が非常に重要となる。オープン後も設備の管理や修繕を行い、店舗年齢が高くなった店舗の改装や閉店、移転を起案するなど、店舗の一生に携わる。

事業拡大にともない、ニトリEXPRESSやデコホーム、みんなのグリルなどの新しい業態の出店も並行して対応。店舗開発部が先導し、さらなる高速出店やドミナント化を進めている。

品質業務改革室

お客様に安心・安全な商品をお届けするため、品質の調査、分析、管理を行う。公的な規格・基準をベースに独自の品質基準を設けており、ここでの検査に合格できなければ、その商品は販売することができない。ニトリの品質を守る、最後の砦ともいえる役割を担う。販売前の商品に対してあらゆる使用方法を想定して耐久性を試験する開発技術評価会や、サプライヤー、新規取引工場の製造工程にまで入り込み、源流から不良発生を撲滅する技術指導などを行っている。国内だけでなく、世界中で安定した品質の商品を供給できる体制づくりにも着手し、各国における品質レベルの統一を目指している。

営業企画室

店舗運営やECなどの営業活動において、お客様の買い方や商品への評価を調査・分析し、戦略的に商品を販売する仕組みを構築している。特に、「何を、

どれだけ、どのように」販売していくのかという会社の意思を示した「年間販売計画」の立案と遂行は、ニトリの営業活動の根幹を成す重要な業務。課題にあわせて、営業部門を中心に部署横断で数多くのプロジェクトを同時進行させる必要があるため、時にはプロデューサー、時にはディレクターと、状況に応じてさまざまな役割を担う。また、店舗の競争力維持・強化と標準化を進めるため、改装計画、店舗レイアウト立案から施工の実務も請け負う。経営者目線で考え判断する場面が多々あると同時に、お客様視点をもち続けることが求められるため、両者のバランスが非常に重要である。

広告宣伝部

TVCM・チラシ・カタログ・雑誌・インターネットなどの広告メディアを用いて、ニトリの商品・サービス・キャンペーンの認知度を高め、企業のブランドイメージをつくり上げる役割を担う。マーケティング戦略に基づいて企画立案・出稿から効果測定まで、その全てに責任を負い、より多くの方にニトリを知ってもらうことで購買動機を創出していくという使命をもつ。近年では、若い女性向け雑誌やWEBチラシ、動画広告などにも力を入れ、露出の幅を広げながら新しい挑戦を続けている。クリエイティブ色の強い仕事だと思われがちだが、複数のメディアが乱立するこの時代に、適切なタイミング、適切な手段を見極めて広告戦略を練る必要があるため、高い数値分析力も求められる。

購買コントロール室

ニトリグループ全社における数千億円もの間接材（※）の購買業務全てに関わり、適正化を図ることで、コストを削減し利益を稼ぎ出す部署。日本国内にとどまらず、NTL、NCHなどの海外の購買業務の管理も行っている。1つの間接材の見直しにより、数億円の利益を稼ぎ出す。大きな購買が想定されるプロジェクトでは初期段階から関わり、客観的視点からアドバイスを実施し、時にはサプライヤーの選定や価格・条件交渉を行うことも。そのほか、事務サービスセンターも内包し、店舗の事務作業全般を一元管理し、現場が完全作業を遂行できるようサポートする機能も担う。システムのライセンスなども間接材に含まれるため、幅広い知識やビジネスの構造の理解を必要とする。
（※）間接材とは…商品仕入・原材料を除く全ての購買品目（サービス含む）。コピー用紙、什器、台車、プリンター、トナーなどを指す。

貿易改革室

海外で生産された商品を船に載せてから、国内の倉庫に納品するまでの一切を担う部署。その過程において、法令を遵守した上で、より最適かつローコスト

な方法へと改善・改革していくことを使命とする。ニトリが1年間で取り扱うコンテナの数は80,000本を超え、単独企業の輸入コンテナ数では日本最大級を誇る。貿易は、国ごとに細かい規約が存在するため、専門知識を駆使してそれらに適応していくことが求められる、非常に複雑な業務である。海外エージェントとのやり取りも多く、語学力を活かして働いている社員が多い。物流の根幹を支える一人ひとりが高い知識とスキルを保有し、輸送の効率化や商品仕様の変更提案を行うことで、コスト削減に大きなインパクトを与え、商品の低価格実現に大きく貢献している。

CREATIVE LINE

商品に携わる仕事：お客様視点を追求し、暮らしをより便利にする商品を提案しています。

商品部

ニトリの核ともいえる「商品」に携わる仕事。常にお客様のニーズの一歩先を見据え、暮らしをより便利にする商品の提供を目指す。また、商品を単品で捉えるのではなく、組み合わせて部屋を彩る「コーディネート」の楽しさから住まいの豊かさを感じてもらうため、商品の企画・開発や、売場での演出方法など、全てを一貫して商品部が実施。常にトレンド把握のための情報網を張り巡らし、世界的なチェーンストアの調査や、世界各国で開催される展示会への参加が欠かせない。社内でも有数の規模を誇る部署であり、それぞれのセクションが役割を全うすることで、適正な品質で「お、ねだん以上。」の商品の提供が実現できている。現在では素材メーカーとの共同開発に積極的に取り組むなど、前例のないことにチャレンジし、商品の面からイノベーションを起こし続けている。

グローバル商品本部

グローバル展開を加速させるため、商品部から独立して新たに立ち上がった部署。主に商品開発のなかのマーチャンダイザー業務を担う。日本で売れている商品を海外に展開するという、従来の日本起点の考え方から脱却し、世界で販売することを起点に商品の開発、供給を行っている。さらに、工場で商品を製造する際の基となる仕様書の作成や、商品のパーツ・副資材の世界共通化の推進も担い、世界のどの工場で製造しても同じ品質や状態を保てるようにすることで、お客様満足度向上に寄与している。各国のグループ会社や他社と連携を取りながら、まだ見ぬ素材や工場を開拓し、他社を圧倒するニトリグループの

商品力の源泉を生み出す役目を果たす。

OPERATION

販売に携わる仕事：お客様との接点を担い、買い物を楽しむ仕組みを構築します。

店舗運営部

お客様との大切な接点であり、全ての原点である店舗。来店されるお客様にニトリでの買い物を楽しんでいただくため、日々売場や商品の管理を行っている。本部は店舗を楽にするために存在し、全社的な改善・改革を進めるためには、実際に現場で発生している問題やお客様の声を知ることが不可欠だという創業時から根付く考えのもと、ニトリの社員は必ず店舗運営部での業務を経験する。社員は実際の店舗業務を通じて作業のやり方を覚えるだけでなく、まわりを巻き込むリーダーシップや、チームで目標を達成するマネジメント力を身に付けていく。ニトリの顔としてお客様と向き合い、地域に寄り添った店舗運営をすることが、ニトリファンを増やし、ロマン実現へとつながっていく。店舗で働く一人ひとりの力が、会社の成長を支える重要な柱となっている。

デコホーム事業部

身近で気軽に来店できるホームファッションの専門店として、一人暮らしの女性をメインターゲットに店舗展開をしているデコホーム。平均的なニトリ店舗の約1/6の売場面積で、駅前やショッピングセンターへの出店を加速。複雑な作業を極力なくし、標準化を徹底することでイレギュラーの発生をおさえるなど、少人数で店舗運営を行えるローコストオペレーションの仕組みを構築している。また、お客様のみならず従業員も女性が多数を占めるため、短時間勤務での働き方やテレワークの推進など、働きやすい職場環境づくりにも尽力する。デコホームオリジナルの商品開発や品ぞろえの提案、広告・販促など、全てを部内で行っており、業務は多岐にわたる。2020年に100店舗を超え、今後デコホームブランドの確立に、より一層力を入れていく。

デジタル販売事業推進室

通販事業を一手に引き受ける、EC運営のプロ集団。自社ECサイトであるニトリネットと、外部ECサイトを企画、運営している。ITの進歩やスマホの普及により、年々その価値が高まるECサイトのコンテンツ制作を一手に引き受け、より便利な買い物体験をお客様へ提供することを使命とする。お客様視点でのコンテンツ制作が鍵であり、ニトリネットに掲載する写真の撮影から掲

載情報の選別、その表現方法やサイトデザインに至るまでを、関連部署と連携しながら自前で制作している。お客様が実物の商品に触ることができない EC サイトでは、「文字や画像でいかに商品の良さを分かりやすく伝えるか」が重要となるため、商品特徴の表現方法やサイトの操作性など、お客様視点での使い勝手にこだわって制作が進められている。

法人 & リフォーム事業部

オフィスやホテル、病院などの法人のお客様や、リフォームを検討されている個人のお客様に対して、空間の提案を行う。お客様のご要望を引き出すところからプランニング、施工管理、アフターフォローまで一貫して責任をもつ。法人向けの営業担当は、プッシュ型の営業を行うだけでなく、ニトリの既存商品と法人のオリジナル商品を組み合わせ、空間全体のコーディネートを提案する。プラン担当は依頼を受けた案件をプランニングボードでかたちにし、コンセプト設定や家具、床材・壁材の決定など、トータルに空間を提案する役割を果たす。リフォームは、システムキッチンなどの水廻り商材をはじめ、クロスやフローリングの内装工事など、住まいに関して幅広く提案。専門資格を有する社員が多く活躍している部署であり、お客様と長く深い関係を築けることが、やりがいの一つである。

モール事業部

ニトリモール・島忠ホームズを中心に、ニトリグループ国内施設に出店する約500 店舗のテナント管理を担当。テナントとして出店してもらうための交渉を行う「リーシングチーム」、現場施設で出店後のテナント支援や施設運営を行う「運営チーム」、契約管理や賃料請求事務を行う「オフィスチーム」で構成されている。ニトリ・島忠とテナントの相乗効果によって、地域のお客様の買い物の利便性を高め、二人三脚で事業を進める。お客様を飽きさせないテナント構成の実現、販促活動を通じた集客対策など、地域のお客様の生活の核となるべくあらゆる施策を打つ。

また、ドミナント出店により効率が低下した既存店にテナントを誘致するための活動や、イベント会社に施設内共用部を短期賃貸するなど、ニトリグループ資産の有効活用も重要な仕事。日常的に社外の方との接点が多く、コミュニケーションを取る力が求められる部署であり、生産性向上やローコストオペレーションを実現するキマリや仕組みの構築が進められている。

✔ 先輩社員の声

10年後も，20年後も，
想像以上の私でいたい。

【商品部　寝具・寝装チーム／バイヤー 2004 年入社】
現場を経験したからこそ磨かれた想像力。
インテリアと接客が好き。この業界に興味を持った理由はシンプルでした。それにニトリならば，さまざまな職種を経験できる。自分の可能性を広く試すことができる環境が，とても魅力的に映りました。実際に入社してからは，楽しそうに買い物をするお客様を横目に，必死で接客や品出しに励む日々。スタッフとして，フロアマネジャーや店長として，さまざまな視点からお客様と接してきたことが，確実に現在の糧になっています。商品の企画を一からつくるには，どれだけ現場を想像し，お客様のニーズを想像できるかが重要だからです。とはいえ，これは経験を重ねた今だからいえること。正直，私も自分が「つくる側」になるとは思ってもいませんでした。

商品企画の指揮官として，本当に良い商品を。
現在の私は，バイヤーとして布団カバーなどの商品構成の起案，品ぞろえや在庫の管理，店内 POP の作成などを担当しています。ニトリにおけるバイヤーの職掌は非常に広い。コーディネーターが決定したコンセプトを受け，適した商品を企画し，売場にどう並べるかまで考える。すなわち商品を生み出すための現場指揮官のような存在です。そんな私に課せられた使命は「良い商品」をつくること。「かわいい」「きれい」というだけの話ではなく「お客様が喜ぶ」，つまり売れてこそ良い商品なのです。売るためには競合店はもちろん，海外のインテリア情報の収集も欠かせません。移り変わるニーズに応えてこそ，より多くのお客様に商品を届けられるわけですからね。

ニトリブランドの革新，それが想像以上の未来への一歩。
現在は，ニトリブランドにとっての転機です。既存の低価格路線に加え，ハイクオリティな商品企画にも取り組んでいます。ただ，その挑戦は既存のお客様の流出というリスクも孕んでいます。それを避けるためにも売場と連携し，わかりやすく魅せる売場づくりをするのが私たちの務めです。今はそのブランディングを成功させるのが私の目標で，もっと気軽に模様替えしようとお客様が思えるような，魅力的な商品を企画していきたい。その目標に向けて歩んでいくことが，ニトリのロマンとビジョン実現への貢献につながると確信しています。そして，10年後も，20年後も，今の自分が想像できないような自分でいたいと思っています。

株式会社ニトリ

募集職種	■総合職（店舗運営、法人営業、物流、商品企画、広告宣伝、他） ■IT人材（ニトリのビジネスモデルを支え、DX推進を担うために2019年に新設した採用コース。社内のシステム構築を内製化しているニトリで、IT部門を中心とした部署異動を通し、会社全体のデジタル化に貢献できる方を募集しています。）
応募資格	■総合職 ・国内外問わず4年制大学および大学院を卒業（修了）見込みの方 ・"入社時期"に入社可能な方 ・入社までに普通自動車第一種運転免許（AT限定可）の取得が可能な方 ※既卒の方も最終学歴卒業後3年未満の方は新卒採用への応募が可能です（具体的な仕事内容や役割等は、入社後に確定となります） ■IT人材 ・2025年3月までに、国内外問わず4年制大学および大学院を卒業（修了）見込みの方 ※既卒の方も最終学歴卒業後3年未満の方は応募が可能です ・IT分野に興味があり、実際に学習を始めている方 ・入社までにITパスポート、普通自動車第一種運転免許（AT限定可）の取得可能な方
募集学科	全学部全学科　※文理不問
初任給	月給　4年制大学卒業25.5万円、大学院卒業26.5万円（ともに東京、大阪、神奈川勤務独身者地域手当3万9,600円含む） ※社会人としての職務経験がある方は、実務経験、専門的知識等の程度を評価し、規定を基に個別設定いたします。

諸手当	家族手当、転勤者手当、地域手当、通勤手当、深夜時間外勤務手当、資格取得一時金制度、従業員向け株式交付制度（勤務実績、評価などを総合的に判断し、対象者へ自社株式を交付するインセンティブ制度） 賞与 年2回（7月、12月）
勤務地	店舗：965店舗（2023年11月27日時点） ※ニトリグループ全体店舗数 物流事業所：130拠点 本社　札幌 本部　東京・大阪
勤務時間	シフト制（3カ月単位変形労働時間制採用）、実働8時間 ※店舗、各事業所により異なります
休日休暇	年間休日119日 3カ月単位変形労働時間制採用、リフレッシュ休暇 〈夏季11日・冬季9日〉 年次有給休暇・特別有給休暇（半日有給、ファミリーデー休暇、結婚休暇、赴任休暇、忌引休暇など） 出産休暇、育児休暇、介護休暇、子の看護休暇など
保険	健康、労災、厚生年金保険 LTD制度（私傷病による休業期間、一定の収入を最長60歳まで保証する制度）

✔ 採用の流れ （出典：東洋経済新報社『就職四季報』）

エントリーの時期	【総】3〜6月
採用プロセス	【総】説明会（必須）→ES提出・Webテスト・適正検査 →面接（複数回）→内々定

採用実績数

	大卒男	大卒女	修士男	修士女
2022年	234 (文：208 理：26)	205 (文：190 理：15)	13 (文：3 理：10)	7 (文：4 理：3)
2023年	309 (文：276 理：33)	264 (文：249 理：15)	37 (文：8 理：29)	15 (文：4 理：11)
2024年	360 (文：310 理：50)	316 (文：293 理：23)	65 (文：17 理：48)	34 (文：10 理：24)

採用実績校

【文系】
（大学院）大阪大学，早稲田大学，北海道大学，東北大学，名古屋大学，神戸大学　他
（大学）早稲田大学，立命館大学，関西学院大学，日本大学，同志社大学，法政大学，近畿大学，中央大学，明治大学，関西大学，駒澤大学，北海道大学，龍谷大学，東洋大学，南山大学　他
【理系】
（大学院）北海道大学，京都大学，名古屋大学，大阪大学，九州大学，関西学院大学，富山大学　他
（大学）室蘭工業大学，九州大学，立命館大学，日本大学，近畿大学，弘前大学，北海道科学大学，明治大学　他

✔2023年の重要ニュース _(出典：日本経済新聞)

■ニトリがタイ進出、24年3月期に最大10店　アジア加速 (1/20)

　ニトリホールディングス（HD）の似鳥昭雄会長は20日、タイへ2024年3月期に進出すると明らかにした。初年度はバンコク中心に最大10店舗出すほか、25年3月期以降も出店を続ける。韓国とフィリピン、ベトナム、インドネシアにも24年3月期に出店する方針も示した。札幌市内で記者団の取材に答えた。

　似鳥会長はタイ市場について「人口比率でいえば200店程度は出せるのではないか。毎年10店舗以上は出したい」と語った。ニトリHDはタイなど東南アジアに生産拠点を抱える。アジア出店を加速し、物流コストや為替変動リスクを軽減する。

　ニトリHDの総店舗数886店（23年1月18日時点）のうち、海外店舗は14％。撤退を決めた米国を除き、全てアジア圏だ。同社が掲げる32年の店舗数3000店計画では、海外店舗の割合を5割に増やすとしている。

■ニトリ、全国300店にEV充電網　100％再エネ由来(6/29)

　ニトリホールディングス（HD）は、全国の家具店「ニトリ」とホームセンターの「島忠」の300店舗に電気自動車（EV）用の充電器を整備することを決めた。2023年夏から始め、24年末までに急速充電器や普通充電器を合計750基稼働させる計画だ。充電に使う電力は100％再生可能エネルギー由来にする。環境配慮の企業姿勢を示して来店動機を高める。顧客満足度の向上にもつなげる。

　充電料金は利用の都度払いと、自宅の近隣店舗など利用者が決める特定の店舗で、月定額で充電し放題のプランを用意する。料金の詳細は調整中だ。100％再エネ由来の電力を調達して提供する。急速充電を1時間使うなど、店舗での買い物時間を利用して充電することを想定している。

　来店前にスマホで空き状況を確認できたり、自分が使う充電器を予約できたりする機能も付ける。充電サービスの使いやすさを重視した仕組みをつくった。

　ニトリは15年から店舗に充電器を設置してきたが、年数が経過していることもあって更新が必要だった。300店には新規で設置する店に加えて設備更新分も含まれる。

　設置は充電サービスを手掛けるスタートアップのプラゴ（東京・品川）と提携して進める。立地やこれまでの稼働実績データなどを参考に、店舗ごとの設置台数や急速や普通などの充電器タイプを決める。EV普及を見越して設置数はさら

に拡大する方針だ。

■ニトリ、札幌市でブリヂストン子会社跡地を取得（11/6）

ニトリホールディングス（HD）が札幌市内でブリヂストン子会社の社屋や倉庫の跡地を取得したことがわかった。敷地面積は約 1 万 6500 平方メートルで、取得日は 9 月 29 日。取得金額は明らかにしていない。ニトリ HD は「活用計画は未定」（広報担当者）としている。

取得した土地は札幌市中心部から車で約 10 分の距離にあり、札幌市営地下鉄菊水駅に近い。タイヤ販売を担うブリヂストンタイヤソリューションジャパン（東京都小平市）が所有していた。スーパーマーケットやドラッグストアが隣接し、周辺にはニトリ HD の店舗もある地域だ。

■ニトリが韓国進出　10 年間で 200 店、日本と同じ品ぞろえ（11/23）

ニトリホールディングス（HD）は 23 日、韓国 1 号店をオープンした。全商品が日本と同じ品ぞろえで、季節に応じて商品を入れ替える。同社は今後 10 年間で韓国内に 200 店まで店舗網を広げる計画だ。

ソウル市城北区の住宅地にある商業施設「イーマート」内に 2500 平方メートルの売り場を設けた。家具を中心に生活用品や寝具など日本のニトリ同様の品ぞろえにした。価格帯は関税の影響もあって日本より少し高いものが多いという。

ニトリ HD でグローバル事業を担当する武田政則取締役は開店イベントに出席し「ライフスタイルが成熟した韓国で、日本同様に四季に合わせた商品を提案していく」と話した。

同社は 2023 年度に世界で 1000 店まで店舗を増やす。中国や韓国、東南アジアなどで店舗網を広げて「あと 10 年で 3000 店舗のグローバル企業になるために、出店を加速させていく」（武田取締役）計画だ。

ニトリは製品の大部分を中国と東南アジアで生産している。韓国での販売商品は当面、日本から輸出して仕入れるという。将来的には店舗網の拡大とともに製造工場から韓国に直接輸入して販売価格を抑えていく方針も示した。

✔2022年の重要ニュース （出典：日本経済新聞）

■北海道の就職人気ランキング　首位ニトリ、2位アイン（4/7）

　日本経済新聞社と就職情報サイトのマイナビ（東京・千代田）が7日発表した2023年3月卒業予定の大学生・大学院生を対象にした就職人気ランキングで、北海道に本社を置く企業の1位はニトリだった。新型コロナウイルス収束後の需要を見越して、鉄道や航空関連企業も人気が復活した。

　エリア別のランキングは今回が7回目。2位はアイングループ、3位はツルハグループといずれもドラッグストアが入った。4位に北海道銀行、8位に北洋銀行が入るなど、金融機関も高順位だった。昨年18位だったJR北海道が10位、昨年38位の北海道エアポート（北海道千歳市）が16位、昨年33位のAIRDO（札幌市）が22位と順位を押し上げた。

■ニトリが小樽に「西洋美術館」　28日開業（4/14）

　ニトリホールディングス傘下のニトリ（札幌市）は14日、小樽芸術村（北海道小樽市）内に「西洋美術館」を28日開業すると発表した。小樽運河のほとりに位置し、19世紀後半から20世紀初頭に欧米で制作されたステンドグラスやガラス工芸品、家具などの西洋美術品を展示する。小樽芸術村での美術館開設は4館目になる。

　小樽運河完成後にできた倉庫を活用した。光を採り入れるために設けた円形の屋根などが特徴。同日に記念式典も開く。公益財団法人似鳥文化財団が美術館を運営。館内のショップはニトリHD傘下のニトリパブリック（札幌市）が運営する。

　似鳥文化財団は小樽芸術村で他にもステンドグラス美術館、旧三井銀行小樽支店、似鳥美術館を管理運営する。

■ニトリ、新人年収1300万円も　札幌のデジタル人材2倍に（8/22）

　ニトリホールディングス（HD）は創業の地、札幌のデジタル人材を10年後に現在の約2倍の400人規模に増強する。入社時に年収1300万円も可能になる賃金体系を別会社に設け、通販サイトやアプリの企画・開発を強化。本社機能のある東京と札幌の2拠点にデジタル人材を集中させて競争力を高める。

　「札幌は住みやすい街で、離れたくないという人が多い。道内には北海道大学や室蘭工業大学など優秀な大学もある。やらない手はない」。ニトリHDの佐藤昌

久CIO（最高情報責任者）は札幌のデジタル人材を増やす背景をこう語る。

ニトリHDは情報システム部門「情報システム改革室」を札幌と、実質的な本社機能をおく東京の2都市に拠点を設ける。東京で企画や設計、札幌は保守運用と分担している。協力会社を含め400人ほど抱えるIT（情報技術）人材のうち、半数程度が札幌で働く。

札幌のデジタル拠点拡充で重要な役割を果たすのが、4月に設立した子会社で佐藤CIOが社長を務めるニトリデジタルベース（東京・目黒）だ。ニトリ本体と異なる待遇で優秀な人材を集める。

通販サイトやアプリの企画・開発を手がける「プロダクトマネジャー」の場合、入社時の年収は最高1300万円。モバイルアプリなどから収集したデータを分析する「データサイエンティスト」に提示する年俸は最低でも900万円で、上限は設けていない。ニトリHDの平均年収835万円（2022年2月期）を上回る水準だ。

「本当に優秀な人材に上限を超える年俸で採用することもありうる」（佐藤CIO）。ニトリHD本体よりも昇給スピードを上げ、能力に応じて給与を引き上げる。マネジャーなど管理職になれば年収2000万〜3000万円に達することもあるという。

6月にアプリ開発のプログラマーとしてニトリHDに入社した野崎政樹さんは「グローバル企業であり、システムを内製化しているため自分の能力を伸ばせると思ったのが入社の決め手。給与は前職よりも大きく伸び、他のIT企業と比べても遜色ない水準だ」と述べた。

北海道はIT技術者の給与が首都圏に比べ低い。厚生労働省によると「情報処理・通信技術者」の求人に掲載されている賃金上限の平均（6月時点）は、東京都が月44万円なのに対し、北海道は月41万5000円と5％ほど安い。

ニトリデジタルベースでは東京と札幌の給与体系を同じにした。佐藤CIOは「東京と同水準の給与を札幌で出せば、人材をさらに集めやすくなる」と期待する。

人材確保に向けた種まきもしている。高度なIT人材の育成を目的に、ニトリHDは19年から札幌市や北大と連携協定を結んだ。店舗を使った共同研究や北大の研究者への助成、学生向けの寄付講座などに取り組む。協定には北海道も21年から加わった。

経済産業省の調査によると、30年にはIT人材が最大で約79万人不足する可能性があるという。小売業でもホームセンター最大手のカインズがIT人材の専用拠点を東京・表参道に設けて採用を強化している。ファーストリテイリングもITで開発や生産、物流を改革する「有明プロジェクト」を進めており、人材獲得競争が激化している。

✔2021年の重要ニュース （出典：日本経済新聞）

■ニトリ、6月にも島忠と共同店舗　利益率改善図る（3/31）

　家具販売大手のニトリホールディングス（HD）は31日、傘下に収めたホームセンターの島忠と6月にも共同店舗を出すと明らかにした。既存の島忠店舗を改装して、ニトリの家具などを並べる。島忠は独自企画の商品がなく、ニトリと比べて利益率が低い。ニトリのプライベートブランド（PB）商品を扱うことで改善を図る。

　同日、都内で開いた決算記者会見でニトリHDの似鳥昭雄会長が明らかにした。島忠の2階部分にニトリの家具の専門コーナーを設ける。まず関東地区の店舗を中心に設置し、全国に広げる考えだ。店舗名は今後詰める。ニトリHDは2020年12月に島忠へのTOB（株式公開買い付け）を完了した。島忠の売上高経常利益率を5年で20年8月期の約2倍となる12%に引き上げる計画を打ち出しており、共同店舗が初の試金石となりそうだ。

■ニトリが中国に商社検討、「北海道産専門」で販路開拓（4/15）

　ニトリホールディングス（HD）は中国に北海道産品を専門に扱う商社を設立する検討に入った。中国の工場で製造し日本に輸入する雑貨などの帰り便のコンテナを活用し、北海道の食材や菓子、日本酒などを輸出する計画。巨大市場の中国での販路拡大に向け、地ならしにも乗り出している。

　ニトリパブリック（札幌市）の荒井功社長が日本経済新聞の取材に応じ、「中国での販路拡大のため商社を設立したい」と話した。ニトリHDは中国に物流子会社を持ち、中国工場で生産した商品を現地から日本に輸出している。2019年度の輸出量は約17.5万TEU（TEUは20フィートコンテナ換算）と国内最大規模で、日本から中国への帰り便を有効活用する手法を探っていた。

　北海道で観光経験のある中国人は多く「（新型コロナウイルス禍もあって）直接営業をかけられないのがもどかしい」（荒井社長）というほど現地の潜在的な需要は大きい。新型コロナ禍の日中間の往来減少で需要はさらに高まっているとみて、中国市場の本格的な開拓に乗り出している。

　20年11月、バイヤーや政府関係者など90万人超が参加した「中国国際輸入博覧会」に出展。中国のインフルエンサーに依頼し出演してもらい、総視聴者数が約50万人に達したライブコマースも試した。

20年12月には道内酒類卸大手の北海道酒類販売（札幌市）と共同で、北海道の5つの蔵元の日本酒の中国輸出を始めている。20フィートコンテナで初輸出した日本酒、約1000本（4合瓶）などが3月中にほぼすべて完売した。今後は北海道にある15の全ての蔵元から協力を取り付け、25年までに年間輸出額を4億円に引き上げるのが同社の目標。中国市場で使える共通の商標登録も出願中だ。

荒井社長は「（日本から中国への）帰り便を活用すれば安価に北海道産品を中国に輸出できる。重要なのは現地での販路の強化だ」と自覚している。6月にはアリババ傘下の生鮮食品スーパー「盒馬鮮生（フーマーフレッシュ）」で初めて独自の北海道物産展を開く。北海道や日本貿易振興機構（ジェトロ）も後援予定で、北海道の日本酒やビール、菓子類など約20事業者の50品目程度を販売する。

中国人観光客が北海道で気に入ったものを現地でも買うようになれば、観光と輸出の好循環が生まれる。6月の独自の物産展にはもともと出品を希望する事業者から200以上の品目が集まっていたといい、供給する側の北海道企業の期待も大きい。

■ニトリ、外食参入　自社商品使い低価格ステーキ店併設（5/6）

ニトリホールディングス（HD）は外食事業に参入した。卸を通さずに食材を調達し、店舗では自社の家具や食器を使うなどして運営コストを下げる。将来は家具と同様に生産から販売までの一貫体制を目指す。新型コロナウイルスの感染拡大で外食の事業環境は厳しいが、低コストを武器にすれば参入余地があると判断した。

店舗名は「ニトリダイニング　みんなのグリル」。まず東京都足立区と相模原市のニトリの家具・雑貨店に併設する形で低価格ステーキ店を設けた。集客面で家具店との相乗効果に期待するが、外食事業単独で利益を出せる規模への拡大を狙う。

主力は500円のチキンステーキ。大手のファミリーレストランチェーンの800円程度に比べ割安に価格設定した。ハンバーグ（700円）やリブステーキ（990円）など手ごろな価格をそろえる。持ち帰りサービスにも対応する。

低価格を実現するため家具・雑貨店のノウハウを活用する。内装工事はリフォーム事業を手掛ける社内の専門部署が担う。賃料を抑えるため、まず全国に約450カ所ある「ニトリ」の店舗の敷地を活用して出店を増やす。ニトリHD子会社のニトリパブリック（札幌市）が店舗を運営する。

✔ 就活生情報

学歴などを気にせず入社したいという気持ちを強く
持ち，しっかりと伝えれば入社できると思います

総合職 2021卒

エントリーシート
・形式：採用ホームページから記入
・内容：インターンシップからの早期選考ルートのため，提出する必要はなかった

セミナー
・筆記試験や面接などが同時に実施，選考と関係のあるもの
・服装：リクルートスーツ
・内容：企業説明，歴史，今後の展望，部署紹介，求める人物像，質問会

筆記試験
・形式：Webテスト
・課目：数学，算数/国語，漢字/性格テスト
・内容：記載なし

面接（個人・集団）
・雰囲気：和やか
・回数：4回
・内容：志望動機，自己PR，会社の理解を確かめる質問（説明会の内容を答えるとよい），自分のロマン・ビジョン，やる気がいない授業員がいた場合はどう対応するか，配転教育のデメリット，なぜニトリでなくてはいけないのか

内定
・拘束や指示：記載なし
・通知方法：最終面接終了後

▶ その他受験者からのアドバイス
・就活生への支援をたくさんしてもらえた

面接で100%の力を発揮するために，リクルーターに質問や不安をぶつけ，アドバイスやフィードバックをもらうとよいです

総合職 2021卒

エントリーシート

・形式：採用ホームページから記入

セミナー

・選考と無関係
・服装：リクルートスーツ
・内容：企業紹介，社員の講演，質問会，性格検査

筆記試験

・形式：Webテスト
・課目：数学，算数／国語，漢字／性格テスト
・内容：Webテスト。YG性格診断

面接（個人・集団）

・回数：5回
・雰囲気は和やか
・内容：学生時代に一番力を入れたこと，志望動機（ニトリでなければならない理由，何がやりたいか），就職活動の軸とその背景，留学経験について，大学での研究内容，どのような社会人になりたいか

内定

・拘束や指示：内定承諾の返答期間は最長で1か月と聞いていたが，こちらの希望やスケジュールを踏まえて2週間となった

● その他受験者からのアドバイス

・面接ではかならずフィードバックがもらえた
・一人一人にリクルーターがついた

行きたい業界ややりたいことがない人，**面接やグルー
プディスカッションが苦手な人は，インターンにた
くさん行くことをおすすめします**

総合職 2020卒

エントリーシート

・形式：採用ホームページから記入
・内容：学生時代に力を入れたこと
・選考時期によってエントリーシートの内容は違うと思われる

セミナー

・選考との関係は，選考と関係のあるものだった
・服装：リクルートスーツ
・内容：先輩社員の生の声が聞けたので実際に働く姿が明確になった。説明会に
　参加しないとエントリーできないしくみ

筆記試験

・形式：Webテスト
・課目：数学，算数 / 国語，漢字 / 性格テスト
・内容：Webテスト。難しめ

面接（個人・集団）

・学生時代に頑張ったこと，自己PR，志望動機・希望職種，他社選考など基本
　的なことを会話形式で聞かれた
・一次面接では志望動機をかなり深堀りされ圧迫のように感じた

グループディスカッション

・商品企画等

内定

・通知方法：最終面接。返事は1週間以内

▶ その他受験者からのアドバイス

・ここはキャリアプランシートさえよければトントン進むので，図や色など
　使いわかりやすいように工夫して書くとよい。
・面接官によっては面接後にフィードバックがもらえる点が助かる

しっかりと今後のキャリアを考えておきましょう。社員の方も相談に乗ってくれるので頼りにしましょう

総合職 2019卒

エントリーシート

・形式は，採用ホームページから記入

セミナー

・選考との関係は，無関係だった
・服装は，リクルートスーツ
・内容は，人事の簡単な会社説明の後，社長の会社に対する想いを聞いた

筆記試験

・形式は，Webテスト
・科目は，数学，算数/国語，漢字/性格テスト

面接（個人・集団）

・雰囲気は，普通
・質問内容は，自己PRは，学生時代頑張った事は，キャリアプラン・入社後したい事は。志望動機など基本的な質問が多かった
・回数は，4回

内定

・拘束や指示は，直接内々定をもらいその日から2週間以内に決断

● その他受験者からのアドバイス

・平日に内定後のセミナーが多く断りにくい

面接官は，最初から最後まで穏やかな雰囲気を出して話しやすい人たちばかりでした

総合職 2019卒

エントリーシート

- 内容は，自己紹介，人生で最も成果を出したこと，転勤が可能か
- 形式は，採用ホームページから記入

セミナー

- 選考との関係は，無関係だった
- 服装は，リクルートスーツ
- 内容は，企業説明，社員の講演

筆記試験

- 形式は，Webテスト

面接（個人・集団）

- 質問内容は，軸，自己PR，学生時代頑張ったこと，大変だったこと，夢（キャリアプランについて／具体的に何をしたいのか），ゼミの研究内容，他社の選考状況，転勤は可能か，逆質問 等
- 回数は，4回

内定

- 拘束や指示は，内々定希望書を2週間以内に提出

▶ その他受験者からのアドバイス

- 一次面接は学生時代に力を入れたことなどをメインに，上手くコミュニケーションが取れて質問に確実に答えられているかが重要視されているのかなと感じた
- 二次からはキャリアプランシートに沿っても質問がされていくので，将来何をしたいのかという具体的な夢を語る必要がある

とにかく足を動かすことが大切。そうすれば，自ずとやるべきことが見えてくるかと思います

総合職 2018卒

エントリーシート

・内容は，自己PR・ガクチカ・志望動機の簡単なものだった。
・形式は，採用ホームページから記入

セミナー

・筆記や面接などが同時に実施される，選考と関係のあるものだった
・服装は，リクルートスーツ
・内容は，人事の方の説明，動画で職種を知る，社長の白井さんのお話

筆記試験

・形式は，Webテスト
・課目は，数学，算数／国語，漢字／性格テスト
・内容は，玉手箱という噂を聞いたが，社員さんからは，複合と教えてもらった。実際はわからない

面接（個人・集団）

・雰囲気は，普通
・質問内容は，様々な質問をされたが，見ているのは①課題解決力②なぜニトリなのか③ニトリでやりたいは何かの3点だと感じた。
・回数は，4回

内定

・拘束や指示は，その場で合格をもらった。握手を交わし，その後これまで関わった方々から祝いの言葉を頂いた
・タイミングは，予定通り

▶ その他受験者からのアドバイス

・よかった点は，その場で合格をもらえたこと。リクルーターの方々が本当に親身になってくれたこと
・よくなかった点は，私はそんなことはなかったが，面接までに待たされることが多いと聞いた

どんな仕事をしたいかということを明確にし自分の話していることに一貫性があることが大事です

総合職 2018卒

エントリーシート

・内容は，志望理由と自分の強みを書きました
・ウェブ上で顔写真もアップロードしました。
・形式は，採用ホームページから記入

セミナー

・選考との関係は，筆記や面接などが同時に実施される，選考と関係のあるものだった
・内容は，説明会でニコニコしていたら，社員から名刺を渡されリクルーターになった

筆記試験

・形式は，Webテスト
・課目は，数学，算数／国語，漢字／性格テスト
・内容は，TGwebだと思っていましたが私がやったのは玉手箱だったと思います

面接（個人・集団）

・雰囲気は，和やか
・質問内容は，志望理由，自分の強み，弱み，逆質問，キャリアプランについて，学生時代頑張ったこと，挫折の経験など
・回数は，3回

内定

・拘束や指示は，最終面接時にその場で合格を言い渡され，一週間以内に返事をしろとの拘束
・通知方法は，その他。タイミングは，予定より早かった

● その他受験者からのアドバイス

・説明会参加から内定まで2週間というスピード選考だった

毎回１対１の面接で，一人一人としっかり向き合ってくれた。好感が持てました

総合職 2018卒

エントリーシート

- 内容は，志望動機，学生時代最も力を入れたことなどオーソドックスな質問，ESの他にもキャリアプラン書をダウンロードして提出（20年後に実現したいこと，実現するまでのステップ，所属したい部署など）
- 形式は，採用ホームページから記入

セミナー

- 選考との関係は，無関係だった

筆記試験

- 形式は，記述式
- 課目は，性格テスト

面接（個人・集団）

- 雰囲気は，和やか
- 質問内容は，自己PR，志望動機，学生時代最も力を入れたことなどオーソドックスな質問，所属したい部署など，大学を選んだ理由など
- 回数は，３回

内定

- 拘束や指示は，最終面接その場で内定，拘束はないが返答の日程は定められていた
- 通知方法は，その他
- タイミングは，予定通り

● その他受験者からのアドバイス

- よかった点は，その場で合格をもらえたこと。リクルーターの方々が本当に親身になってくれたこと
- よくなかった点は，私はそんなことはなかったが，面接までに待たされることが多いと聞いた

自分の意見を明確伝え，相手の問いかけになるべく速正確に返答することを心がけて下さい。必ず想いは伝わります

総合職 2017卒

エントリーシート

・内容は，自己PR，趣味，特技，志望動機，将来なりたい人物像
・形式は，採用ホームページから記入

セミナー

・選考との関係は，無関係だった
・服装は，リクルートスーツ
・内容は，企業紹介

筆記試験

・形式は，Webテスト
・課目は，数学，算数／国語，漢字／性格テスト
・内容は，Webテストの形式はTG-WEB

面接（個人・集団）

・雰囲気は，和やか
・質問内容は，ESの項目に沿った質問，転勤があるが大丈夫か，他に見ている企業は，友人等の主な就職希望先，興味を持ったきっかけ
・回数は，2回

内定

・拘束や指示は，合格通知後，2週間以内に内々定を希望するかどうかの意思を示すように求められる
・通知方法は，そのほか
・タイミングは，予定より早かった

▶ その他受験者からのアドバイス

・担当の社員の方が選考を通してフォローしてくださり，質問や不安にも丁寧に答えてくれた
・内々定をもらった後も引き続きサポートしてくれた

自分がやりたいことをはっきりさせてその想いを伝えること。ダメだった時もあまり気にせず，次で頑張るという気持ちが大切です

総合職 2017卒

エントリーシート

・内容は，なりたい人物像，自己PR，志望動機
・形式は，採用ホームページから記入

セミナー

・選考との関係は，筆記や面接などが同時に実施される，選考と関係のあるものだった
・服装は，リクルートスーツ
・内容は，ビデオによる事業紹介。社長による会社説明

筆記試験

・形式は，マークシート
・課目は，性格テスト
・内容は，二次面接後にもパソコンでの性格テストを受けさせられた

面接（個人・集団）

・雰囲気は，和やか
・質問内容は，自己PR，志望動機，キャリアプラン，ニトリをどうしたいか，なぜニトリじゃなきゃダメなのか，他社選考状況など
・回数は，4回

内定

・拘束や指示は，最終面接のときに合格をいわれる。2週間の考える猶予期間をもらえた。
・タイミングは，予定通り

▶ その他受験者からのアドバイス

・全てその場で合格通知，次回面接の日程を決めてもらったため，スムーズに進んだ

✔ 有価証券報告書の読み方

01 部分的に読み解くことからスタートしよう

　「有価証券報告書（以下，有報）」という名前を聞いたことがある人も少なくはないだろう。しかし，実際に中身を見たことがある人は決して多くはないのではないだろうか。有報とは上場企業が年に1度作成する，企業内容に関する開示資料のことをいう。開示項目には決算情報や事業内容について，従業員の状況等について記載されており，誰でも自由に見ることができる。

　一般的に有報は，証券会社や銀行の職員，または投資家などがこれを読み込み，その後の戦略を立てるのに活用しているイメージだろう。その認識は間違いではないが，だからといって就活に役に立たないというわけではない。就活を有利に進める上で，お得な情報がふんだんに含まれているのだ。ではどの部分が役に立つのか，実際に解説していく。

■有価証券報告書の開示内容

　では実際に，有報の開示内容を見てみよう。

有価証券報告書の開示内容
第一部【企業情報】
第1　【企業の概況】
第2　【事業の状況】
第3　【設備の状況】
第4　【提出会社の状況】
第5　【経理の状況】
第6　【提出会社の株式事務の概要】
第7　【提出会社の状参考情報】
第二部【提出会社の保証会社等の情報】
第1　【保証会社情報】
第2　【保証会社以外の会社の情報】
第3　【指数等の情報】

有報は記載項目が統一されているため，どの会社に関しても同じ内容で書かれている。このうち就活において必要な情報が記載されているのは，第一部の第1【企業の概況】〜第5【経理の状況】まで，それ以降は無視してしまってかまわない。

02 企業の概況の注目ポイント

　第1【企業の概況】には役立つ情報が満載。そんな中，最初に注目したいのは，冒頭に記載されている【主要な経営指標等の推移】の表だ。

回次		第25期	第26期	第27期	第28期	第29期
決算年月		平成24年3月	平成25年3月	平成26年3月	平成27年3月	平成28年3月
営業収益	（百万円）	2,532,173	2,671,822	2,702,916	2,756,165	2,867,199
経常利益	（百万円）	272,182	317,487	332,518	361,977	428,902
親会社株主に帰属する当期純利益	（百万円）	108,737	175,384	199,939	180,397	245,309
包括利益	（百万円）	109,304	197,739	214,632	229,292	217,419
純資産額	（百万円）	1,890,633	2,048,192	2,199,357	2,304,976	2,462,537
総資産額	（百万円）	7,060,409	7,223,204	7,428,303	7,605,690	7,789,762
1株当たり純資産額	（円）	4,738.51	5,135.76	5,529.40	5,818.19	6,232.40
1株当たり当期純利益	（円）	274.89	443.70	506.77	458.95	625.82
潜在株式調整後1株当たり当期純利益	（円）	—	—	—	—	—
自己資本比率	（％）	26.5	28.1	29.4	30.1	31.4
自己資本利益率	（％）	5.9	9.0	9.5	8.1	10.4
株価収益率	（倍）	19.0	17.4	15.0	21.0	15.5
営業活動によるキャッシュ・フロー	（百万円）	558,650	588,529	562,763	622,762	673,109
投資活動によるキャッシュ・フロー	（百万円）	△370,684	△465,951	△474,697	△476,844	△499,575
財務活動によるキャッシュ・フロー	（百万円）	△152,428	△101,151	△91,367	△86,636	△110,265
現金及び現金同等物の期末残高	（百万円）	167,525	189,262	186,057	245,170	307,809
従業員数[ほか、臨時従業員数]	（人）	71,729 [27,746]	73,017 [27,312]	73,551 [27,736]	73,329 [27,313]	73,053 [26,147]

　見慣れない単語が続くが，そう難しく考える必要はない。特に注意してほしいのが，**営業収益**，**経常利益**の二つ。営業収益とはいわゆる**総売上額**のことであり，これが企業の本業を指す。その営業収益から営業費用（営業費（販売費＋一般管理費）＋売上原価）を差し引いたものが**営業利益**となる。会社の業種はなんであれ，モノを顧客に販売した合計値が営業収益であり，その営業収益から人件費や家賃，広告宣伝費などを差し引いたものが営業利益と覚えておこう。対して経常利益は営業利益から本業以外の損益を差し引いたもの。いわゆる金利による収益や不動産収入などがこれにあたり，本業以外でその会社がどの程度の力をもっているかをはかる絶好の指標となる。

■会社のアウトラインを知れる情報が続く。

　この主要な経営指標の推移の表につづいて、「会社の沿革」、「事業の内容」、「関係会社の状況」「従業員の状況」などが記載されている。自分が試験を受ける企業のことを、より深く知っておくにこしたことはない。会社がどのように発展してきたのか、主としている事業はどのようなものがあるのか、従業員数や平均年齢はどれくらいなのか、志望動機などを作成する際に役立ててほしい。

03 事業の状況の注目ポイント

　第2となる【事業の状況】において、最重要となるのは**業績等の概要**といえる。ここでは1年間における収益の増減の理由が文章で記載されている。「○○という商品が好調に推移したため、売上高は△△になりました」といった情報が、比較的易しい文章で書かれている。もちろん、損失が出た場合に関しても包み隠さず記載してあるので、その会社の1年間の動向を知るための格好の資料となる。

　また、業績については各事業ごとに細かく別れて記載してある。例えば鉄道会社ならば、①運輸業、②駅スペース活用事業、③ショッピング・オフィス事業、④その他といった具合だ。**どのサービス・商品がどの程度の売上を出したのか**、会社の持つ展望として、今後**どの事業をより活性化**していくつもりなのか、などを意識しながら読み進めるとよいだろう。

■「対処すべき課題」と「事業等のリスク」

　業績等の概要と同様に重要となるのが、**「対処すべき課題」**と**「事業等のリスク」**の2項目といえる。ここで読み解きたいのは、その会社の**今後の伸びしろ**について。いま、会社はどのような状況にあって、どのような課題を抱えているのか。また、その課題に対して取られている対策の具体的な内容などから経営方針などを読み解くことができる。リスクに関しては法改正や安全面、他の企業の参入状況など、会社にとって決してプラスとは言えない情報もつつみ隠さず記載してある。客観的にその会社を再評価する意味でも、ぜひ目を通していただきたい。

　次代を担う就活生にとって、ここの情報はアピールポイントとして組み立てやすい。「新事業の○○の発展に際して……」、「御社が抱える●●というリスクに対して……」などという発言を面接時にできれば、面接官の心証も変わってくるはずだ。

　最後に注目したいのが，第5【経理の状況】だ。ここでは，簡単にいえば【主要な経営指標等の推移】の表をより細分化した表が多く記載されている。ここの情報をすべて理解するのは，簿記の知識がないと難しい。しかし，そういった知識があまりなくても，読み解ける情報は数多くある。例えば**損益計算書**などがそれに当たる。

連結損益計算書

(単位：百万円)

	前連結会計年度 (自 平成26年4月1日 至 平成27年3月31日)	当連結会計年度 (自 平成27年4月1日 至 平成28年3月31日)
営業収益	2,756,165	2,867,199
営業費		
運輸業等営業費及び売上原価	1,806,181	1,841,025
販売費及び一般管理費	※1 522,462	※1 538,352
営業費合計	2,328,643	2,379,378
営業利益	427,521	487,821
営業外収益		
受取利息	152	214
受取配当金	3,602	3,703
物品売却益	1,438	998
受取保険金及び配当金	8,203	10,067
持分法による投資利益	3,134	2,565
雑収入	4,326	4,067
営業外収益合計	20,858	21,616
営業外費用		
支払利息	81,961	76,332
物品売却損	350	294
雑支出	4,090	3,908
営業外費用合計	86,403	80,535
経常利益	361,977	428,902
特別利益		
固定資産売却益	※4 1,211	※4 838
工事負担金等受入額	※5 59,205	※5 24,487
投資有価証券売却益	1,269	4,473
その他	5,016	6,921
特別利益合計	66,703	36,721
特別損失		
固定資産売却損	※6 2,088	※6 1,102
固定資産除却損	※7 3,957	※7 5,105
工事負担金等圧縮額	54,253	18,346
減損損失	※9 12,738	※9 12,297
耐震補強重点対策関連費用	8,906	10,288
災害損失引当金繰入額	1,306	25,085
その他	30,128	8,537
特別損失合計	113,379	80,763
税金等調整前当期純利益	315,300	384,860
法人税、住民税及び事業税	107,540	128,972
法人税等調整額	26,202	9,326
法人税等合計	133,742	138,298
当期純利益	181,558	246,561
非支配株主に帰属する当期純利益	1,160	1,251
親会社株主に帰属する当期純利益	180,397	245,309

　主要な経営指標等の推移で記載されていた**経常利益**の算出する上で必要な営業外収益などについて，詳細に記載されているので，一度目を通しておこう。
　いよいよ次ページからは実際の有報が記載されている。ここで得た情報をもとに有報を確実に読み解き，就職活動を有利に進めよう。

企業の概況

1 主要な経営指標等の推移

（1） 連結経営指標等

回次		第47期	第48期	第49期	第50期	第51期
決算年月		2019年2月	2020年2月	2021年2月	2022年2月	2023年3月
売上高	（百万円）	608,131	642,273	716,900	811,581	948,094
経常利益	（百万円）	103,053	109,522	138,426	141,847	144,085
親会社株主に帰属する当期純利益	（百万円）	68,180	71,395	92,114	96,724	95,129
包括利益	（百万円）	66,742	70,443	90,944	104,995	99,881
純資産	（百万円）	500,192	560,861	685,392	732,813	818,096
総資産	（百万円）	619,286	683,247	930,884	983,840	1,133,771
1株当たり純資産	（円）	4,452.99	4,984.29	5,691.11	6,489.57	7,239.04
1株当たり当期純利益	（円）	608.05	635.42	817.01	856.71	841.90
潜在株式調整後1株当たり当期純利益	（円）	606.03	634.03	816.66	－	－
自己資本比率	（%）	80.7	82.0	69.0	74.5	72.2
自己資本利益率	（%）	14.5	13.5	15.3	14.1	12.3
株価収益率	（倍）	23.11	26.06	25.67	19.08	18.92
営業活動によるキャッシュ・フロー	（百万円）	81,664	99,337	150,879	85,565	91,398
投資活動によるキャッシュ・フロー	（百万円）	△30,424	△44,486	△195,985	△119,980	△132,538
財務活動によるキャッシュ・フロー	（百万円）	△11,340	△13,862	30,309	17,729	36,903
現金及び現金同等物の期末残高	（百万円）	100,053	140,791	125,487	127,076	125,115
従業員数（外、平均臨時雇用者数）	（人）	12,668 (14,838)	14,337 (15,599)	18,400 (18,269)	18,984 (18,245)	18,909 (18,420)

（注）1. 第50期及び第51期の潜在株式調整後1株当たり当期純利益については，潜在株式が存在しないため記載しておりません。

2. 株式会社島忠との企業結合について，第50期連結会計年度において企業結合に係る暫定的な会計処理の確定を行っており，第49期の関連する主要な経営指標等について当該確定による見直しの内

ⓟₒᵢₙₜ **主要な経営指標等の推移**

数年分の経営指標の推移がコンパクトにまとめられている。見るべき箇所は連結の売上，利益，株主資本比率の3つ。売上と利益は順調に右肩上がりに伸びているか，逆に利益で赤字が続いていたりしないかをチェックする。株主資本比率が高いとリーマンショックなど景気が悪化したときなどでも経営が傾かないという安心感がある。

容を反映させております。

3. 2022年5月19日開催の第50回定時株主総会決議により，決算期を2月20日から3月31日に変更しました。従って，第51期は2022年2月21日から2023年3月31日までの13か月11日間となっております。

4. 「収益認識に関する会計基準」（企業会計基準第29号 2020年3月31日）等を当連結会計年度の期首から適用しており，当連結会計年度に係る主要な経営指標等については，当該会計基準等を適用した後の指標等となっています。

（2） 提出会社の経営指標等 ···

回次		第47期	第48期	第49期	第50期	第51期
決算年月		2019年2月	2020年2月	2021年2月	2022年2月	2023年3月
売上高	（百万円）	87,071	30,411	28,080	59,546	32,078
経常利益	（百万円）	65,032	9,945	5,335	39,555	8,983
当期純利益 又は当期純損失（△）	（百万円）	56,788	3,771	△1,562	37,387	2,426
資本金	（百万円）	13,370	13,370	13,370	13,370	13,370
発行済株式総数	（株）	114,443,496	114,443,496	114,443,496	114,443,496	114,443,496
純資産	（百万円）	416,955	414,852	402,206	424,847	416,523
総資産	（百万円）	441,827	438,713	469,507	526,468	595,267
1株当たり純資産	（円）	3,708.07	3,675.62	3,557.30	3,756.41	3,673.07
1株当たり配当額 （うち、1株当たり中間 配当額）	（円）	97.00 (47.00)	108.00 (54.00)	123.00 (57.00)	140.00 (70.00)	146.00 (73.00)
1株当たり当期純利益 又は当期純損失（△）	（円）	505.98	33.55	△13.83	330.59	21.45
潜在株式調整後 1株当たり当期純利益	（円）	504.30	33.47	－	－	－
自己資本比率	（％）	94.3	94.5	85.7	80.7	70.0
自己資本利益率	（％）	14.5	0.9	－	9.0	0.6
株価収益率	（倍）	27.77	493.63	－	49.46	742.65
配当性向	（％）	19.2	321.9	－	42.3	680.6
従業員数 （外、平均臨時雇用者数）	（人）	347 (51)	558 (73)	774 (230)	867 (247)	972 (274)
株主総利回り （比較指標：配当込みTOPIX）	（％）	80.3 (2,401.0)	95.1 (2,554.6)	120.8 (3,014.3)	95.4 (3,071.1)	93.9 (3,324.7)
最高株価	（円）	19,850	17,720	23,455	23,010	17,730
最低株価	（円）	13,330	12,260	12,725	15,945	11,465

2 沿革

年月	事項
1972年3月	・家具の販売を目的として，似鳥家具卸センター株式会社を設立
1980年8月	・札幌市手稲区に，省力化と商品保全を目的とした自動立体倉庫を新設し物流センターを移転 ・本部を物流センターに併設し移転
1986年7月	・社名を株式会社ニトリに変更
1989年9月	・札幌証券取引所に株式を上場
2000年8月	・株式会社マルミツを株式の追加取得により100％子会社化
2002年10月	・東京証券取引所（市場第一部）に株式を上場
2003年10月	・ベトナム社会主義共和国に，現地法人MARUMITSU-VIETNAM EPE（出資比率100％（間接））を設立
2004年3月	・中華人民共和国に，現地法人似鳥（中国）采購有限公司（出資比率100％）を設立
2005年3月	・株式会社パブリックセンターより営業譲渡を受け，株式会社ニトリパブリック（旧大丸商事株式会社）として広告代理店業を開始
2006年12月	・台湾に，現地法人宜得利家居股份有限公司（出資比率100％）を設立
2007年5月	・現地法人宜得利家居股份有限公司が台湾高雄市に海外1号店を開店
2010年3月	・持株会社体制への移行のため，株式会社ニトリ分割準備会社（現　株式会社ニトリ，出資比率100％）及び株式会社ニトリ物流分割準備会社（現　株式会社ホームロジスティクス，出資比率100％）を設立

(point) **沿革**

　どのように創業したかという経緯から現在までの会社の歴史を年表で知ることができる。過去に行った重要なM&Aなどがいつ行われたのか，ブランド名はいつから使われているのか，いつ頃から海外進出を始めたのか，など確認することができて便利だ。

2010年5月	・中華人民共和国に，現地法人明応商貿（上海）有限公司（出資比率100%（間接））を設立
2010年6月	・株式会社ニトリ分割準備会社（現　株式会社ニトリ）及び株式会社ホームロジスティクスと吸収分割契約を締結
2010年8月	・吸収分割契約に基づき，当社の家具・インテリア用品の販売事業を株式会社ニトリに，グループの物流機能に係る事業を株式会社ホームロジスティクスに承継し，持株会社体制へ移行 ・社名を株式会社ニトリホールディングスに変更
2011年3月	・株式会社マルミツは，社名を株式会社ニトリファニチャーに変更
2011年5月	・現地法人MARUMITSU-VIETNAM EPEは，社名をNITORI FURNITURE VIETNAM EPEに変更
2012年5月	・アメリカ合衆国カリフォルニア州に，現地法人NITORI USA, INC.（出資比率100%）を設立
2012年10月	・札幌本社を現在地に移転
2013年10月	・アメリカ合衆国カリフォルニア州に「Aki-Home」ブランド（後，「NITORI」にブランド変更）で開店し米国初出店
2014年10月	・中華人民共和国湖北省武漢市内に「NITORI」のブランドで開店し中国初出店
2015年12月	・ベトナム社会主義共和国に，現地法人NITORI FURNITURE Ba Ria-Vung Tau Co., LTD.（出資比率100%）を設立 ・中華人民共和国に，現地法人似鳥（太倉）商貿物流公司（出資比率100%）を設立
2016年6月	・中華人民共和国に，現地法人似鳥（中国）投資公司（出資比率100%）を設立
2017年1月	・中華人民共和国に，似鳥（上海）家居有限公司，似鳥（上海）家居銷售有限公司（出資比率100%）を設立
2017年5月	・株式会社カチタスを株式取得により持分法適用会社化及び業務提携契約を締結
2018年10月	・中華人民共和国江蘇省太倉市に太倉物流センターを新設
2018年12月	・株式会社Nプラスを設立し，アパレル事業を開始
2020年3月	・マレーシアにNITORI RETAIL（MALAYSIA）SDN.BHD（出資比率100%）を設立
2020年12月	・NITORI FURNITURE VIETNAM EPEを存続会社としNITORI FURNITURE Ba Ria-Vung Tau Co., LTD.を吸収合併
2021年1月	・株式会社島忠を株式取得により子会社化及び経営統合契約を締結
2021年5月	・株式会社島忠の株式を追加取得し，同社を完全子会社化
2021年9月	・シンガポールにNITORI RETAIL SINGAPORE PTE. LTD.（出資比率100%）を設立

(point) **事業の内容**

　会社の事業がどのようにセグメント分けされているか，そして各セグメントではどのようなビジネスを行っているかなどの説明がある。また最後に事業の系統図が載せてあり，本社，取引先，国内外子会社の製品・サービスや部品の流れが分かる。ただセグメントが多いコングロマリットをすぐに理解するのは簡単ではない。

2022年1月	・マレーシアクアラルンプールに「NITORI」ブランドで開店し東南アジア初出店
2022年4月	・東京証券取引所の市場区分の見直しにより市場第一部からプライム市場へ移行 ・株式会社ニトリデジタルベース（出資比率100%）を設立 ・株式会社エディオンと資本業務提携契約を締結
2023年3月	・第51期は，ニトリ事業において国内で68店舗純増，海外で36店舗純増し，期末現在国内店舗数720店舗，海外店舗数129店舗。島忠事業の53店舗を加え，期末現在合計店舗数902店舗
2023年4月	・アメリカ合衆国における店舗及びECサイトを閉鎖し，米国事業から撤退

3　事業の内容

　当社グループ（当社及び当社の関係会社）は当社と連結子会社31社及び持分法適用会社1社により構成されており，ニトリ事業と島忠事業に区別されております。ニトリ事業では，家具・インテリア用品の開発・製造・販売及びその他不動産賃貸業，広告サービス，物流サービス等を行っております。島忠事業では家具・インテリア雑貨・ホームセンター商品の販売等を行っております。

　なお，2017年8月30日開催の取締役会において，当社の連結子会社である P.T. NITORI FURNITURE INDONESIA を清算することを決議しており，現在同社は清算手続中であります。

　なお，当社は，有価証券の取引等の規制に関する内閣府令第49条第2項に規定する特定上場会社等に該当しており，これにより，インサイダー取引規制の重要事実の軽微基準については連結ベースの数値に基づいて判断することとなります。

当社グループの事業内容及び当社と主要な関係会社の当該事業に係る位置付けは，次のとおりであります。

区分	会社名	セグメントの名称
持株会社	㈱ニトリホールディングス（当社）	ニトリ事業
主な連結子会社	㈱ニトリ	ニトリ事業
	㈱ホームロジスティクス	ニトリ事業
	㈱島忠	島忠事業
	宜得利家居股份有限公司	ニトリ事業
	似鳥（中国）投資有限公司	ニトリ事業
	明応商貿（上海）有限公司	ニトリ事業
	似鳥（上海）家居有限公司	ニトリ事業
	似鳥（上海）家居銷售有限公司	ニトリ事業
	似鳥（太倉）商貿物流有限公司	ニトリ事業
	NITORI USA, INC.	ニトリ事業
	NITORI FURNITURE VIETNAM EPE	ニトリ事業
	㈱ホーム・デコ	ニトリ事業
	㈱ニトリパブリック	ニトリ事業
	他連結子会社18社	ニトリ事業
持分法適用関連会社	㈱カチタス	中古住宅の再生販売事業

［事業系統図］

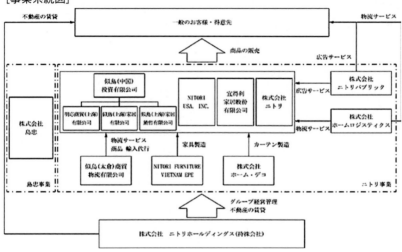

point **関係会社の状況**

主に子会社のリストであり，事業内容や親会社との関係についての説明がされている。特に製造業の場合などは子会社の数が多く，すべてを把握することは難しいが，重要な役割を担っている子会社も多くある。有報の他の項目では一度も触れられていない場合が多いので，気になる会社については個別に調べておくことが望ましい。

名称	住所	資本金 （百万円）	主要な 事業内容	議決権の 所有割合(%)	関係内容
（連結子会社）					
㈱ニトリ (注) 3、(注) 4	札幌市北区	1,000	ニトリ事業	100.0	家具、インテリア用品の販売。 不動産の賃貸。 役員の兼任あり。
㈱ホームロジスティクス	札幌市北区	490	ニトリ事業	100.0	物流サービス事業。 役員の兼任あり。 資金援助あり。
㈱島忠 (注) 3、(注) 4	さいたま市中央区	101	島忠事業	100.0	家具・インテリア雑貨、ホーム センター商品の販売。 役員の兼任あり。
宜得利家居股份有限公司 (注) 3	台湾台北市	2,768	ニトリ事業	100.0	家具、インテリア用品の販売。 役員の兼任あり。 債務保証あり。
似鳥（中国）投資有限公司 (注) 3	中華人民共和国 上海市	6,614	ニトリ事業	100.0	グループ会社の経営管理。 役員の兼任あり。
明応商貿（上海）有限公司	中華人民共和国 上海市	693	ニトリ事業	100.0 (100.0)	家具、インテリア用品の販売。 役員の兼任あり。
似鳥（上海）家居有限公司 (注) 3	中華人民共和国 上海市	1,657	ニトリ事業	100.0 (100.0)	家具、インテリア用品の販売。 役員の兼任あり。
似鳥（上海）家居銷售有限公司 (注) 3	中華人民共和国 上海市	50	ニトリ事業	100.0 (100.0)	家具、インテリア用品の販売。 役員の兼任あり。
似鳥（太倉）商貿物流有限公司 (注) 3	中華人民共和国 江蘇省太倉市	6,421	ニトリ事業	100.0	物流サービス事業。 当社グループで販売する 商品の輸入代行。 役員の兼任あり。 債務保証あり。
NITORI USA, INC. (注) 3	アメリカ合衆国 カリフォルニア州	11,129	ニトリ事業	100.0	家具、インテリア用品の販売。 役員の兼任あり。 債務保証あり。
NITORI FURNITURE VIETNAM EPE (注) 3	ベトナム社会主義共和 国ハノイ市	18,237	ニトリ事業	100.0 (100.0)	当社グループで販売する 家具の製造。 役員の兼任あり。
㈱ホーム・デコ	埼玉県加須市	28	ニトリ事業	100.0	当社グループで販売する カーテンの製造。 役員の兼任あり。
㈱ニトリパブリック	札幌市北区	150	ニトリ事業	100.0	広告宣伝の受託。 役員の兼任あり。 債務保証あり。
その他18社 (注) 3					
（持分法適用関連会社）					
㈱カチタス	群馬県桐生市	3,778	中古住宅の再 生事業	34.4	中古住宅の再生事業。 役員の兼任あり。

(注) 1. 主要な事業内容の欄には，セグメントの名称を記載しております。

2. 議決権の所有割合は，間接所有割合を（　）内に内書きで記載しております。

3. 特定子会社に該当しております。なお，その他に含まれる会社のうち，似鳥（中国）采購有限公司，
SIAMNITORI CO.,LTD.は，特定子会社に該当しております。

4. (株)ニトリ及び (株)島忠については，売上高（連結会社相互間の内部売上を除く。）の連結売上高
に占める割合が10％を超えております。

(株)ニトリ

主要な損益情報等 　(1)　売上高　　　　782,802百万円

　　　　　　　　　 (2)　経常利益　　　127,913百万円

　　　　　　　　　 (3)　当期純利益　　 88,376百万円

　　　　　　　　　 (4)　純資産　　　　370,907百万円

---

point 従業員の状況

主力セグメントや，これまで会社を支えてきたセグメントの人数が多い傾向があるの
は当然のことだろう。上場している大企業であれば平均年齢は40歳前後だ。また労
働組合の状況にページが割かれている場合がある。その情報を載せている背景として，
労働組合の力が強く，人数を削減しにくい企業体質だということを意味している。

	(5)	総資産	526,643 百万円
(株) 島忠			
主要な損益情報等	(1)	売上高	134,664 百万円
	(2)	経常利益	7,682 百万円
	(3)	当期純利益	4,815 百万円
	(4)	純資産	185,287 百万円
	(5)	総資産	225,860 百万円

5 従業員の状況

(1) 連結会社の状況 ・・・

2023年3月31日現在

セグメントの名称	従業員数(人)
ニトリ事業	17,471 (15,700)
島忠事業	1,438 (2,720)
合計	18,909 (18,420)

(注) 1. 従業員数は就業人員であり，臨時従業員数は（ ）内に年間の平均人員（1日8時間換算）を外数で
記載しております。
2. 従業員数には，使用人兼務取締役は含んでおりません。

(2) 提出会社の状況 ・・・

2023年3月31日現在

従業員数(人)	平均年齢(歳)	平均勤続年数(年)	平均年間給与(千円)
972 (274)	40.2	12.0	7,874

セグメントの名称	従業員数(人)
ニトリ事業	972 (274)

(注) 1. 従業員数は就業人員（当社から社外への出向者を除き，社外から当社への出向者を含む。）であり，
臨時従業員数は（ ）内に年間の平均人員（1日8時間換算）を外数で記載しております。
2. 平均年間給与は，専門職及び嘱託社員を含まず，基準外給与及び賞与を含めております。

(point) **業績等の概要**

　この項目では今期の売上や営業利益などの業績がどうだったのか，収益が伸びたあるいは減少した理由は何か，そして伸ばすためにどんなことを行ったかということがセグメントごとに分かる。現在，会社がどのようなビジネスを行っているのか最も分かりやすい箇所だと言える。

(3) 労働組合の状況 ···

① ニトリ事業

1. 名称　　　　　UAゼンセンニトリ労働組合
2. 上部団体名　　UAゼンセン流通部門
3. 結成年月日　　1993年4月19日
4. 組合員数　　　25,919人　（臨時従業員21,817人を含んでおります。）
5. 労使関係　　　労使関係について，特記すべき事項はありません。

② 島忠事業

1. 名称　　　　　UAゼンセン島忠労働組合
2. 上部団体名　　UAゼンセン流通部門
3. 結成年月日　　1994年7月27日
4. 組合員数　　　2,818人　（臨時従業員1,711人を含んでおります。）
5. 労使関係　　　労使関係について，特記すべき事項はありません。

1 経営方針，経営環境及び対処すべき課題等

　当社グループの経営方針，経営環境及び対処すべき課題等は，次のとおりであります。なお，文中の将来に関する事項は，当連結会計年度末現在において当社グループが判断したものであります。

（1）　会社の経営の基本方針 ………………………………………………

　当社グループは，「住まいの豊かさを世界の人々に提供する。」というロマン（志）を社員一人ひとりの行動の原点として共有し，当社グループの力を結集して長期ビジョンの実現に全力を尽くすことを企業活動の指針としております。

　そのため，グローバルチェーンの確立により，世界のより多くのお客様に，品質が維持された商品をお求めになりやすい価格で提供すること，並びに住空間をトータルコーディネートする楽しさを提案することを基本方針としております。

（2）　目標とする経営指標と中長期経営戦略 ………………………………

[2032年度ビジョン3,000店舗3兆円/2025年度買上客数2億人以上]

　当社グループは，「住まいの豊かさを世界の人々に提供する。」というロマンを実現するために，中長期ビジョンである「2032年3,000店舗3兆円」の達成に向けた経営戦略を策定しております。また，社会貢献のバロメーターは増え続けるお客様の数であるとし，中間目標として「2025年度買上客数2億人以上」を掲げ，会社が対処すべき課題を5か年計画（2021年度から2025年度）として策定し，実行しております。以上のような当社グループの掲げる壮大なロマンとビジョンを実現するために，事業活動にかかわる全ての人々と信頼関係を構築し，「製造物流 IT小売業」というビジネスモデルを通じ，社会における共有価値を創出し相互繁栄を図ってまいります。

[中長期経営戦略]

① 　事業領域の拡大と顧客の支持獲得

　世界情勢の不確実性の高まりや，日本国内の人口減少・少子高齢化・単身世帯や共働き世帯の増加・低所得化の進行，テクノロジーの進化による購買行動や

価値観の多様化等，大きなビジネス環境の変化に直面しています。

　既存事業においては，今まで以上に魅力ある品揃え，品質，価格を実現し，客層の拡大と客数の増加を図ってまいります。

　利用頻度が高いホームセンター事業においては，当社グループの強みを活かして，品揃え，品質，価格に，より磨きをかけて，客数の増加を図る一方，ローコストオペレーションを一層推し進めることで利益の拡大に努めてまいります。

　また，お客様から支持し続けて頂けるよう，変容する消費者のニーズ・ウォンツに対応した商品開発や，変わりゆく消費者の買い方に応じた販売方法に変革をしてまいります。

② **グローバルチェーン展開の加速**

　中国大陸においては，上海市，天津市，北京市に続き，重慶市にも出店し，全ての直轄市に出店をいたしました。今後は更なるエリアの拡大と，ドミナント化を加速し，事業を拡大してまいります。

　台湾においては，新規フォーマットも視野に，更なる事業の拡大を進めてまいります。また，マレーシア，シンガポールに続いて，2023年以降は，タイ，フィリピン，ベトナム，インドネシアにも出店し，経済成長に伴い中間所得者層が急激に伸びる ASEAN主要6か国における事業展開を進めるほか，韓国などにも出店し事業を拡大してまいります。

③ **サプライチェーンマネジメント・IT・組織戦略によるビジネス基盤改革**

　長期ビジョンの実現を下支えするビジネス基盤として，創業以来培ってきたサプライチェーン全般を自社ネットワークでコントロールする「製造物流小売業」の姿を，近年いっそう重要性が増すデジタルテクノロジーの活用により「製造物流IT小売業」へと進化させ，さらに発展させてまいります。そして，中長期経営戦略に沿った組織戦略と，従業員のキャリアアップとライフイベントとを両立させる人事制度により，従業員一人ひとりの成長を企業の成長の機動力とし，グループとしてロマン実現と社会貢献を果たしたいと考えております。これらにより，当社グループの持つ店舗網・物流網・自社 EC等の多様なチャネルの強みを最大限に活用するビジネス基盤を構築し，成長を加速させてまいります。

④ **ビジネス領域拡大に向けたM&A，アライアンスの推進**

　双方にとってのスケールメリットなど，事業や機能といった強化の両面から
M&Aも視野に入れ，戦略的なアライアンスを模索してまいります。

⑤ **社会課題解決とロマン実現を両立するサステナビリティ経営**

　「第2事業の状況　2．サステナビリティに関する考え方及び取組」に記載のと
おりであります。

（3）　会社の対処すべき課題 ....

　上記に掲げた中長期経営戦略に基づき，3つの重点課題を中心とした5か年計
画（2021年度から2025年度）を策定し，実行しております。

① **事業領域と地域の拡大**

　国内事業については，当社グループの核事業である家具・ホームファニシング
専門店のニトリに加え，小型フォーマットであるデコホーム，アパレルブランド
のNプラス，子会社化したホームセンターの島忠等により事業領域を広げ，より
多くのお客様のより多くの生活シーンをカバーするべく店舗数を拡大しドミナン
トエリアを構築します。また，島忠をはじめとするグループ企業・事業・ブラン
ド間のシナジーを最大化し，より便利で楽しい買い物体験を提供してまいります。

　海外事業につきましては，これまで戦略的に踊り場を作り，仕組み・システム・
教育体制の構築に集中してまいりました。今後，中国及びASEAN地域を中心に
出店を再加速させてまいります。

（イ）　国内ホームファニシング事業（ニトリ・デコホーム・通販事業）

　今後も，当社グループの核事業として成長を持続してまいります。より多く
のお客様に楽しんで頂けるよう，家電やキッズ・ベビー用品などの品揃えも充
実させ，コーディネート提案の強化も進めてまいります。

　また，お客様一人ひとりの購買体験が向上するよう，実店舗との連携や最新
情報の提供によって，オンラインとリアルの垣根のないシームレスな消費行動
を支えるECとアプリを構築してまいります。

　そして，ECサイトの品揃えや，全国に有する店舗や配送網を一層拡充させ，
お客様が欲しい商品を，気軽に，便利に受け取ることが出来る購買体験の提供

---

point 🔍 **生産，受注及び販売の状況**

　生産高よりも販売高の金額の方が大きい場合は，作った分よりも売れていることを意
味するので，景気が良い，あるいは会社のビジネスがうまくいっていると言えるケー
スが多い。逆に販売額の方が小さい場合は製品が売れなく，在庫が増えて景気が悪く
なっていると言える場合がある。

を実現してまいります。

（ロ）　ホームセンター事業（島忠）

　利用頻度が高いホームセンター事業においては，当社グループの強みを生かして，品揃え，品質，価格に，より磨きをかけ，ホームセンター本来の DIY や園芸といったカテゴリーを強化し，客数の増加を図る一方，ローコストオペレーションを推し進めることで，利益の拡大に努めてまいります。

（ハ）　海外販売事業

　中国大陸においては，上海市，天津市，北京市に続き，重慶市にも出店し，全ての直轄市に出店をいたしました。今後は更なるエリアの拡大と，ドミナント化を加速し，事業を拡大してまいります。

　台湾においては，新規フォーマットも視野に，更なる事業の拡大を進めてまいります。

　また，マレーシア，シンガポールに続いて，2023 年以降は，タイ，フィリピン，ベトナム，インドネシアにも出店し，経済成長に伴い中間所得者層が急激に伸びる ASEAN 主要 6 か国における事業展開を進めるほか，韓国などにも出店し事業を拡大してまいります。

（ニ）　その他育成事業

　30 代〜50 代の大人の女性のアパレルブランド N プラスは，年齢を重ねながらも若々しさや感性を失わない「大人の女性」が毎日着たいと思うファッションを提案していきます。引き続きビジネスモデルを確立させ多店舗展開を行ってまいります。

②　顧客中心の経営〜商品開発・業態〜

　当社グループでは，お客様から更なるご支持を頂けるよう，お客様の「声」を商品開発や売場提案につなげられるよう，言葉の掘り起こしを仕組化してまいります。

　また，従来のマスマーケティングで捉えきれない消費者を「個客」として捉えるビジネスに進化させるため，アプリを中核とした顧客分析機能の強化と，アプリ会員を中心としたお客様との継続的な関係構築を強力に進めてまいります。2025 年度におけるアプリ会員数の目標を 2,500 万人とし，アプリを通じたオンライン

---

point 対処すべき課題

　有報のなかで最も重要であり注目すべき項目。今，事業のなかで何かしら問題があればそれに対してどんな対策があるのか，上手くいっている部分をどう伸ばしていくのかなどの重要なヒントを得ることができる。また今後の成長に向けた技術開発の方向性や，新規事業の戦略についての理解を深めることができる。

とオフラインの融合施策により，お客様の買物利便性を向上させ，購買頻度や年間買上品目数の増加，さらには LTV（ライフタイムバリュー）の向上につなげてまいります。

　従来の店舗や Eコマースでの販売に加え，テクノロジーを使用した遠隔でのカーテンや家具などの接客・販売やライブコマース等，顧客との新たな接点・販売チャネルを強化してまいります。加えて，コロナ禍における消費者のショートタイムショッピング・非接触・セルフサービス等のニーズの高まりを踏まえ，接客の無人化・セルフレジ導入・お客様自身で必要な情報を探せるアプリの店内モード等の業態変革を推進してまいります。

③　**グローバルサプライチェーンマネジメント戦略**

　今後，グローバルでの出店が急速に進み，グループの販売拠点と製造・調達先がグローバルの各地域に複雑にまたがっていくことが予測される中，商品供給の短納期化と原材料費や輸送費高騰による原価上昇の抑制に取り組んでまいります。また，環境の変化や地政学リスクに対し安定的な商品供給を実現するために，サプライチェーンの在り方をより最適な形へと進化させてまいります。

　また，国内の物流網につきましては，DC 拠点の最適な配置と機能の集約を柱とし，オペレーション，発送・宅配網の整備，業務プロセスを改革テーマとして掲げ，石狩 DC（北海道石狩市）に続いて，2023 年度以降は，2025 年までに約3,000 億円の投資により，全国 7 箇所に DC を整備し，ローコストの実現とともに在庫やリードタイムの適正化を図ってまいります。

2　サステナビリティに関する考え方及び取組

　当社当社グループの経営方針，経営環境及び対処すべき課題等は，次のとおりであります。

　なお，文中の将来に関する事項は，当連結会計年度末現在において当社グループが判断したものであります。

　当社グループは，独自のビジネスモデル「製造物流 IT 小売業」を通じて，お客様の快適な暮らしと環境・社会課題の解決を両立した事業推進に努め，持続可能な社会の実現を目指してまいります。

2021年度は，7つのサステナビリティ重要課題（マテリアリティ）を特定し，その重要課題に基づき，一部店舗におけるカーテン・羽毛布団のリサイクル回収や，設計段階から再資源化を見据えた商品開発など，サーキュラーエコノミーを意識した取り組みを推進したほか，気候変動への対応においては，TCFD提言への賛同を表明し，温室効果ガス削減目標をはじめとするTCFD提言に基づく情報開示を実施いたしました。

また，サステナビリティ経営推進体制については，取締役会直下の組織として「サステナビリティ経営推進委員会」を位置づけ，その委員長として，代表取締役社長がリーダーシップを取り推進する体制への強化を実施したほか，専任部署として「SDGs推進室」を新設いたしました。

今後も，サステナビリティを経営の重要課題と位置づけ，企業として求められる環境・社会課題解決への取り組みを推進してまいります。

（1）　気候変動に関する取り組み ···

①　ガバナンス

当社グループでは，気候変動への対応を重要な経営課題と捉えております。

当社代表取締役社長を委員長とした「サステナビリティ経営推進委員会」においては，サステナビリティ全般に関する課題をグループ全体で把握し，「サステナビリティ経営推進会議」においては，事業会社の環境部門責任者を構成員とし，具体的な対応策や目標設定について協議しております。

その議論・決定内容は取締役会に報告され，取締役会においては，当社グループで実施する対応策の承認と必要な助言を行っております。

気候変動への対応については，サステナビリティ重要課題（マテリアリティ）の一つである「環境に配慮した事業推進」の活動の一環としてアプローチを進めてまいります。気候変動への対応を含む当社グループのサステナビリティに関わる取り組みの進捗は，年一回以上取締役会に報告する運用としております。

（サステナビリティ推進体制）

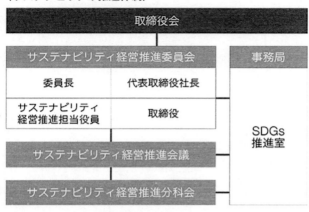

（サステナビリティ重要課題（マテリアリティ））

1. 「お，ねだん以上。」の商品・サービス提供による豊かな暮らしへの貢献
2. 品質管理の徹底による製品安全・安心の提供
3. 環境に配慮した事業推進
4. サプライチェーンにおける公平公正な取引と人権尊重
5. 地域社会への貢献
6. 働きがいのある環境づくりとダイバーシティの推進
7. 実効性のあるコーポレート・ガバナンス

各マテリアリティに対する当社グループのアプローチや主に関連する SDGs の項目等詳細については，当社 WEB サイト
（https://www.nitorihd.co.jp/sustainability/policy/#policy-4）
内に記載しております。

② **戦略**

　温暖化防止の状況により，気候変動は様々なシナリオが考えられますが，当社グループでは代表とされる「＋4℃」シナリオと「＋2℃（未満）」シナリオについてサステナビリティ経営推進体制の下で検討いたしました。

　「＋4℃」シナリオにおいては，十分な対策がなされずに酷暑と激甚な暴風雨が

発生することが想定されるため，物理リスクの影響を中心に検討し，「＋2℃（未満）」シナリオにおいては，温暖化抑止に向けて技術革新や規制強化が進み，社会が変化することが想定されるため，移行リスクの影響を中心に検討いたしました。

リスク	重要な変化	主なリスク	主な取り組み
＋4℃シナリオ「物理リスク」の影響大	・台風洪水等異常気象の激甚化（急性リスク）・平均気温の上昇（慢性リスク）	・工場被災による生産停止・復旧コスト増加・商品・原材料供給網の寸断・販売シーズンのズレによる商品価値の低下・事業継続リスクや保険料・運営コスト上昇・被災時の店舗休業による機会損失・従業員の安全に係る脅威	・複数サプライヤーからの調達・産地分散，グローバルマーチャンダイジング・商品販売時期の適正化，消化率向上・事業継続計画（BCP）の見直し・安否確認システムの見直し，定期訓練，災害備蓄品の確保
＋2℃（未満）シナリオ「移行リスク」の影響大	・脱炭素化・政策・法規制強化・技術革新	・エネルギーコスト上昇・再生可能エネルギー・省エネルギー対応設備投資の増加・「炭素税」や「カーボンプライシング」の導入による事業コスト増加・原材料の高騰・市場評価や評判の低下	・再生可能エネルギーの活用拡大・エネルギー使用の効率化，低排出技術の活用・グリーンロジスティクスの推進（共同輸送・モーダルシフト）・原材料の脱炭素化・再生原材料の活用

機会	重要な変化	主な機会	主な取り組み
＋4℃シナリオ「物理リスク」の影響大	・台風洪水等異常気象の激甚化（急性リスク）・平均気温の上昇（慢性リスク）	・商品供給体制のレジリエンス（強靱性）確保・被災時の店舗の早期営業体制の構築	・産地分散，グローバルマーチャンダイジング・サプライチェーンマネジメントの確立・事業継続計画（BCP）の見直し
＋2℃（未満）シナリオ「移行リスク」の影響大	・脱炭素化・政策・法規制強化・技術革新	・新たな顧客ニーズの高まり（価値観の変化）への対応（エシカル消費、省エネ・省資源化ニーズ等）・生産力・資産価値の向上と差別化・公的支援（減税等）の活用・市場評価や評判の向上	・環境配慮型機能性商品づくりの推進・循環型商品づくり（サーキュラーエコノミー）の推進・独自のビジネスモデルと事業領域の拡大・社会課題解決ノウハウの事業化

③　リスク管理

　　当社グループは，気候変動関連の規制や事業への影響等のリスク要因を幅広く情報収集・分析を実施しております。

　　留意すべき重要な機会とリスクについては各事業部の環境部門責任者が参画する「サステナビリティ経営推進会議」で評価・特定しております。

(point) 事業等のリスク

　　「対処すべき課題」の次に重要な項目。新規参入により長期的に価格競争が激しくなり企業の体力が奪われるようなことがあるため，その事業がどの程度参入障壁が高く安定したビジネスなのかなど考えるきっかけになる。また，規制や法律，訴訟なども企業によっては大きな問題になる可能性があるため，注意深く読む必要がある。

評価・特定されたリスク・機会については，前述のサステナビリティ経営推進体制の下で監督・モニタリングし，リスク・コンプライアンス委員会と問題を共有することで，組織の総合的リスク管理を統合しております。

④ **指標及び目標**

温室効果ガス排出量削減目標として，スコープ１＋２の排出量（海外拠点含む）削減を以下のとおり目指します。

2030年度　2013年度比で50％削減
　　　　　　（売上高１億円あたり排出量）

2050年度　カーボンニュートラル
　　　　　　（排出量実質ゼロ）

また今後，お客様の商品使用段階における排出量削減も含めた環境配慮型機能性商品の開発や，資源循環への取り組みを推進し，スコープ３における排出量削減に関する開示についても検討してまいります。

（施策）上記目標を達成するための施策として，再生可能エネルギーの利活用や，エネルギー効率の高い電気・ガス設備への入替え，当社グループ施設への熱遮断性の高い建築方法・建築素材の採用等，複数の施策を進めてまいります。また，これらの温室効果ガス削減につながる設備投資を促進するため，将来見込まれるカーボンコスト（炭素税・排出量取引等）を踏まえた投資判断を行うためのツールとして「インターナルカーボンプライシング（ICP：社内炭素価格）」を2023年度から導入すべく準備を進めております。なお，再生可能エネルギーの利活用につきましては，設置可能な当社グループの店舗及び物流センターの屋根上を活用した太陽光発電を開始することを予定しており，今後，拡大することで，上記目標の達成に向けて大きく寄与することを見込んでおります。

（進捗）

中間目標：　　2030年度　2013年度比で50％削減（売上高１億円あたり
　　　　　　　　　　排出量）

2021年度進捗：2013年度（売上高１億円あたり排出量原単位33.60t-CO2）
　　　　　　　　　　比で10.8％削減

ⓟⓞⓘⓝⓣ **財政状態，経営成績及びキャッシュ・フローの状況の分析**

　　「事業等の概要」の内容などをこの項目で詳しく説明している場合があるため，この項目も非常に重要。自社が事業を行っている市場は今後も成長するのか，それは世界のどの地域なのか，今社会の流れはどうなっていて，それに対して売上を伸ばすために何をしているのか，収益を左右する費用はなにか，などとても有益な情報が多い。

（2）　多様性の確保に向けた人材育成方針と社内環境整備方針　………………

　当社グループは，社会に貢献する真のスペシャリストの育成を目指し，幅広い領域の配転教育により人材力を高め，「多数精鋭」の組織づくりの実現を目指しております。業界や職種の垣根を越えた課題解決を余儀なくされる今の時代に求められるのは，広範囲にわたる領域の知見を活かし，幾多の専門性を組み合わせてイノベーションを起こせる人材であり，当社グループは配転教育によって個人が専門性の柱を増やし，広い視野から課題を解決に導ける「ニトリ型スペシャリスト」を数多く輩出しております。この強力な"多数精鋭"の組織を強みに，今後も持続的成長を目指します。

　また，当社グループは従業員一人ひとりの人権を尊重し，職場におけるあらゆるコミュニケーションにおいて，多様性が損なわれないように調和を図り，ダイバーシティ＆インクルージョンを推進しております。結婚や出産，育児，介護や，国籍，LGBTQなどさまざまな事情や背景をもつ従業員が，互いを認め合い，尊重し合える企業文化を醸成することで，働きがいのある環境がつくられ，企業成長にも繋がると考えております。

　今後も中長期経営戦略の実現に向けて，多様な人材が個々の力を最大限発揮できる環境の整備を進めてまいります。

① **女性の管理職への登用について**

　当社グループの管理職における女性比率は増加傾向にあり，（株）ニトリと（株）島忠とを合計した管理職に占める女性労働者の割合は16.8％となっております。当社グループは，ライフイベントの到来等の個々の事情を踏まえ，女性管理職ポストの拡大，短時間勤務で活躍可能なポストの拡充，より利用しやすい支援制度の実現等について，全社員を対象としたアンケートや，取締役を交えた定期的な討議を実施しております。また，従業員のワークライフバランス向上を目的として，2023年には転勤なし・報酬の減額なしの「マイエリア制度」を導入するなど，多様な働き方が選択できるように取り組みをおこなっております。

　今後も女性のキャリア形成を支える環境整備を進め，2030年代には女性管理職比率を40％程度まで高めることを目指します。

② **外国人の管理職への登用について**

「住まいの豊かさを世界の人々に提供する。」というロマンを実現し，2032年度ビジョン3,000店舗3兆円を達成すべく，当社グループはグローバル展開を加速してまいります。その方針に基づき外国人採用を進めており，現地法人におけるローカル採用を中心に，広く外国人の管理職登用を行っております。今後も外国人の管理職登用を進め，外国人管理職比率の向上を目指します。

③ **中途採用者の管理職への登用について**

当社グループは，事業領域及び事業規模拡大に必要なスペシャリストのスカウトを継続的に行っており，取締役・経営幹部のみならず全社に中途採用者の活躍の場を用意しております。今後も，2032年度ビジョンの達成に向けて必要となるスペシャリストのスカウトを継続し，中途採用者管理職比率の向上を目指します。

3　事業等のリスク

経営者が当社グループの業績，財政状態及びキャッシュ・フローの状況に重要な影響を与える可能性があると認識している主要なリスクは，次のとおりです。

ただし，これらは当社グループにかかる全てのリスクや不確実性を網羅したものではなく，現時点において予見できない，あるいは重要とみなされていない他の要因の影響を将来的に受ける可能性があります。

当社グループを取り巻くリスクや不確実性に関して，当社グループでは取締役会の事前審議機関となる社内役員会等において定期的に議論し，これらのリスクや不確実性を機会として活かす，あるいは低減するための対応を検討しています。その検討結果は，取締役会へ報告・議論されており，以下に記載したリスクや不確実性には，取締役会における議論も反映しております。

なお，文中の将来に関する事項は，当連結会計年度末（2023年3月31日）現在において，当社グループが判断したものであります。

① **為替変動に関するリスク**

当社グループは，「使う・買う」立場に立って，全ての商品で「お，ねだん以上。」の実現を目指すため，商品の約90％をプライベートブランドとして開発輸入して

おります。そのため，外貨建取引について為替予約の実行や，輸入為替レートの平準化を図ることで，仕入コストの安定化を推進しておりますが，各国基軸通貨に対して，米ドル高が急激に進む場合，為替相場の変動が当社グループの業績や財務状況に悪影響を及ぼす可能性があります。

これらのリスクに対して，当社グループは外貨建取引について為替予約の実行や，海外子会社においては決済通貨を米ドルにすることで，相対的に為替変動を抑えるように努めております。また，「デリバティブ基本方針」に基づき，為替予約を利用したヘッジ取引を機動的に行うことで対応するとともに，当社取締役会にて情報の共有化とモニタリングを実施しております。

② **商品の海外調達に関するリスク**

当社グループは，適正な品質を維持しながら，どこよりも安い価格で商品を提供するため，販売する商品の大半を，中国をはじめとするアジア諸国等にて生産し輸入しております。そのため，地震，風水害等大規模な自然災害の発生等により，商品供給体制に影響を及ぼすほか，アジア諸国の政治情勢，経済環境，治安状態，法制度に著しい変動があった場合，工場従業員や港湾従業員によるストライキの発生，主要な取引先等を含む，サプライチェーンの寸断等による物流の停滞や社員の避難等により，当社グループの業績や財務状況に悪影響を及ぼす可能性があります。

これらのリスクに対して，当社グループは安定した調達を継続するため，商品毎に生産国の見直しや産地分散，複数のサプライヤーから調達可能な体制を構築しております。危機発生時には，調達先の現状と納入可否の確認を実施するとともに，代用可能な採用実績のある他社相当品への切り替えを検討することで影響を最小限に留めるよう努めております。

③ **品質に関するリスク**

当社グループは，販売する商品について独自の厳格な品質基準に基づき，品質不良や不具合の発生防止を含め，商品の品質確保に万全な対策を講じておりますが，全ての商品において，予想できない品質問題の発生可能性があり，品質問題に起因する当社グループのブランドイメージの低下や社会的信用の失墜による売上高の減少や対策コストの発生等，当社グループの業績や財務状況に悪影響を及

ぽす可能性があります。

　これらのリスクに対して，当社グループは品質保証を所管する組織を設置し，独自の厳格な基準に沿った調査を行ったうえで取引先の工場を選定しております。また，2020年の珪藻土関連商品リコール事案の反省から，使用制限物質リストの刷新を行い，商品への対象物質の使用禁止・含有規制を徹底しております。さらに，「原材料安全性の確認」，「規制・基準などの遵守」，「工場管理体制の監視と指導」の3項目など，商品開発に関わる部署と合同で確認する「企画設計評価会」を2021年2月に設立しております。

　また，新素材・新機能を伴う商品については，この評価会を経ずには商品化されない仕組みとしたうえ，商品の使用上の安全性を確認する「開発技術評価会」と並行して行う事で品質問題の未然防止に努めております。その他の取り組みとして，製造物責任賠償保険に加入する等の対策を講じております。

④　知的財産に関するリスク

　当社グループでは，第三者の知的財産権を侵害することのないように常に注意を払っておりますが，万が一，当社グループの事業活動が第三者の知的財産権を侵害した場合，第三者から当該事業活動に対する中止要請や，損害賠償を請求されることにより，当社グループの業績や財務状況に悪影響を及ぼす可能性があります。

　これらのリスクに対し，当社グループは国内外で自らが使用するロゴ等の商標登録や，商品等を意匠登録することにより対策を講じております。また，知的財産権に対する従業員教育等を徹底することにより，未然防止体制の整備・運用改善を図っております。

⑤　人材に関するリスク

　当社グループでは，製造物流 IT小売業としての優位性を確保するため，人材採用と人材育成が重要となります。今後の事業拡大や事業環境変化への対応のためには，多様な社員が活躍するダイバーシティ経営の推進が，中長期ビジョンの実現に向けて経営の重要課題であり，優秀な人材の確保がなかった場合，当社グループの業績や財務状況に悪影響を及ぼす可能性があります。

　また，代表取締役似鳥昭雄，白井俊之をはじめとする経営陣は，各担当業務

（point）**設備投資等の概要**

　セグメントごとの設備投資額を公開している。多くの企業にとって設備投資は競争力向上・維持のために必要不可欠だ。企業は売上の数％など一定の水準を設定して毎年設備への投資を行う。半導体などのテクノロジー関連企業は装置産業であり，技術発展のスピードが速いため，常に多額の設備投資を行う宿命にある。

分野において重要な役割を果たしているため，これら役員が業務執行できない事態となった場合には，同様に悪影響を及ぼす可能性があります。

これらのリスクに対して，当社グループは優秀な人材の確保に向け，多様な人材が活躍し，多様な働き方が実現できるよう労働環境の改善及び整備等，当社グループの魅力を高める取り組みに努めるとともに，役員の業務分掌の見直しや，次期役員候補の育成等の施策に加え，業務の省力化，省人化を実現する先端技術の活用をする等，効率化を図っております。

さらに，当社グループは人権侵害や差別・ハラスメントにつながる行為を禁止するとともに，日々の活動において人権を尊重することがグループの事業活動の基盤であり，持続的な成長のために必要不可欠であることを示すために，「ニトリグループ人権ポリシー」を定め，グループ全体への周知・啓蒙活動に取り組んでおります。

⑥　**気候変動に関するリスク**

当社グループでは，気候変動により近年発生が増加傾向にある台風，集中豪雨等の異常気象により，当社グループが商品を生産・調達・流通・供給する業界が甚大な被害を受けた場合，その復旧まで生産もしくは出荷が長期間にわたり停止する可能性があります。また，冷夏，暖冬，長雨等による異常気象により，商品供給への影響が発生する場合，及び季節的な要因による販売状況が左右される商品の取り扱いが多く，売れ行き不振や販売シーズンの経過による商品価値の下落が発生する場合には，当社グループの業績や財務状況に悪影響を及ぼす可能性があります。

これらのリスクに対して，当社グループは安定した調達を継続するため，複数のサプライヤーから調達できるように取り組みを進めており，商品力の強化や商品企画・投入時期の見直しで販売比率を向上させること，及びお客様のニーズに即した商品販売時期の適正化による消化率の向上や在庫の適正化により，収益性の改善を図っております。

さらに，当社グループは，気候変動に関する対応を重要な経営課題と捉え，TCFD（気候関連財務情報開示タスクフォース）の提言に賛同を表明するとともに，その枠組みに沿って，2030年度時点，2050年度時点の温室効果ガス排出

(point) **主要な設備の状況**

「設備投資等の概要」では各セグメントの1年間の設備投資金額のみの掲載だが，ここではより詳細に，現在セグメント別，または各子会社が保有している土地，建物，機械装置の金額が合計でどれくらいなのか知ることができる。

量削減目標を設定しております。温室効果ガス発生の低減に努めるとともに，共同輸送やモーダルシフト等グリーンロジスティクスの推進を通じて，サプライチェーンにおける CO2 削減への貢献に努めてまいります。また，具体的な対策につきましては，当社代表取締役社長を委員長とした「サステナビリティ経営推進委員会」と各事業会社の環境部門責任者を構成員とする「サステナビリティ経営推進会議」において，今後も検討を重ねてまいります。

⑦　**自然災害・大規模事故等に関するリスク**

　当社グループでは，日本全国に700店舗以上，また海外においては米国が1店舗，中国大陸が60店舗以上，台湾が50店舗以上，新たにマレーシアとシンガポールへ出店しております。その他アジア諸国に商社機能・製造機能・物流機能を有しており，これらの地域において，大規模な自然災害により店舗，製造工場，物流センター等の設備や棚卸資産，人的資源等に被害が発生した場合には，営業活動に支障が生じ，復旧等のコスト発生により，当社グループの業績や財務状況に悪影響を及ぼす可能性があります。

　これらのリスクに対して，当社グループは事業継続計画（BCP）や毎月実施しているリスク・コンプライアンス会議にて，管理体制の整備・構築と運用の遵守・徹底を図っております。また，危機発生時に備え，従業員等の安全確保・安否確認等の初動対応フローの見直し，定期訓練や必要物資等の備蓄対策を実施するとともに，あらゆる事象を想定したリスク・影響度分析に基づく，継続的な PDCA サイクルの実施等，包括的なリスクマネジメント活動を推進し，各種危機に備えております。

⑧　**感染症及びパンデミックに関するリスク**

　新型感染症の発生や感染症の世界的流行が発生した場合，国内外の経済活動に重大な影響を及ぼす可能性があります。最大のリスクは，お客様，従業員，お取引先様が健康被害を受けてしまうことですが，それによる事業の中断や社会的信用が失墜する可能性があるために，当社グループでは，従業員の安全と商品の安定供給を引き続き確保するため，感染症対策に伴う事業環境の急変に最優先に対応しております。その感染拡大等の状況次第では，経済活動がより一層停滞し，需要の減退，サプライチェーンの混乱，当社グループの生産活動への悪影響等，

当社グループが事業展開するうえで，重大なリスクに繋がる可能性があり，当社グループの業績や財務状況に悪影響を及ぼす可能性があります。

　これらのリスクに対し，当社グループは海外子会社も含むグループ全体の日常の感染症対策として，手洗い消毒・マスク着用等の衛生対策のほか，WEB会議の活用等の対策を徹底しております。また，販売対策として，Eコマース強化，店舗の非接触化・接客省人化，ショートタイムショッピングの推進, OMO（Online Merges with Offline）推進等，消費者の買物に対する意識変化を見極めながら，お客様が安心して買物できる環境の整備に努めております。

⑨　**情報セキュリティに関するリスク**

　当社グループでは，製造物流IT小売業という一気通貫のビジネスモデルを活かす独自のIT開発を行っており，そのノウハウ管理や多くの個人情報を取り扱うため，社内管理体制を整備してその取扱いを厳重に行っておりますが，万が一，コンピューターウイルスやサイバーテロ，従業員や委託先の管理ミス等の要因により，社内情報や個人情報の漏洩等が発生した場合には，当社グループのブランドイメージの低下や社会的信用の失墜による売上高の減少が考えられ，法的な責任の追及によるコストの発生等，当社グループの業績や財務状況に悪影響を及ぼす可能性があります。

　これらのリスクに対して，当社グループは「情報セキュリティ基本規程」に基づく積極的な情報セキュリティ活動（教育訓練含む）を展開するとともにセキュリティ関連の情報収集に努め，より高度なコンピューターウイルス対策の実行，基幹系サーバの二重化等の適切なIT管理体制の構築に取り組んでおります。さらに，不正アクセスが発生したことから，対象となるお客様のアカウントへのパスワードリセット及びパスワードの使いまわしをしないことに関する周知等を実施するとともに，通販等の公開システムの監視の強化，アプリケーションのセキュリティ機能強化を行っております。

⑩　**M&A，事業提携に関するリスク**

　当社グループでは，事業拡大及び企業価値向上のためにM&A及び事業提携を日々検討しております。特にこれらの経営戦略を実施する場合は，対象会社への十分なデューデリジェンスを実施するとともに，取締役会等にて，出資・取得価

（point）**設備の新設，除却等の計画**

　　ここでは今後，会社がどの程度の設備投資を計画しているか知ることができる。毎期どれくらいの設備投資を行っているか確認すると，技術等での競争力維持に積極的な姿勢かどうか，どのセグメントを重要視しているか分かる。また景気が悪化したときは設備投資額を減らす傾向にある。

額の妥当性について十分に検討したうえで実行することとしております。しかしながら，当該 M&A や資本提携等実施時に見込んだ成果が計画どおりに進捗しないこと等によるのれんや株式取得価額の減損等，当初予期していなかった事業上の問題の発生，取引関連費用の負担等によって当社グループの事業，業績や財務状況に悪影響を及ぼす可能性がある場合，公表している中期経営計画の見直しを行う可能性があります。

⑪　**コンプライアンスに関するリスク**

　当社グループでは，コンプライアンスを最優先とした経営を推進しております。しかしながら，商品・サービスや労働・安全，サプライチェーン全体におけるコンプライアンス上のリスクを完全には回避できない可能性があり，各種法令に抵触する事態が発生した場合，当社グループのブランドイメージの低下や社会的信用の失墜による売上高の減少が考えられ，発生した事象に対する追加的な費用の発生等により，当社グループの業績や財務状況に悪影響を及ぼす可能性があります。

　これらのリスクに対して，当社グループはグループ経営の健全性を高めるため，グローバル共通の基本的な姿勢・行動の指針となる「ニトリグループ行動憲章」を改定いたしました。昨今の社会情勢や価値観に応じて見直しを実施することで，従業員の一人ひとりが実践でき，日々の業務の中で迷ったら立ち返ることができる指針として，グループ全体への周知・啓蒙活動に取り組んでおります。また，様々な目的の情報が開示される中，公開される文書やナレーション，映像や画像などの表示物に対するコンプライアンスリスクを回避するため，表示物の作成に関連するすべての部署に表示管理責任者を設置するなど，表示管理体制の再整備を行うとともに，適正な表示指針を示した「ニトリグループ表示ガイドライン」を制定しました。この他，従業員へのコンプライアンス教育の実施，グループ内部通報制度及び協力会社・パートナーに対するアンケートを通じた不適正事案の早期発見と適切な対応等，グループガバナンスの強化に取り組んでおります。

(point) **株式の総数等**

　発行可能株式総数とは，会社が発行することができる株式の総数のことを指す。役員会では，株主総会の了承を得ないで，必要に応じてその株数まで，株を発行することができる。敵対的 TOB では，経営陣が，自社をサポートしてくれる側に，新株を第三者割り当てで発行して，買収を防止することがある。

　当連結会計年度における当社グループの財政状態，経営成績及びキャッシュ・フロー（以下，「経営成績等」という。）の状況の概要並びに経営者の視点による当社グループの経営成績等の状況に関する認識及び分析，検討内容は次のとおりであります。

　なお，文中の将来に関する事項は，当連結会計年度末現在において判断したものであります。

（1）　経営成績 ……………………………………………………………………

　当連結会計年度（2022年2月21日から2023年3月31日）におけるわが国経済は，世界的な金融引き締め等を背景とした海外景気の下振れがわが国の景気を下押しするリスクとなっておりますが，ウィズコロナの下で，各種政策の効果もあって，景気が持ち直していくことが期待されております。家具・インテリア業界におきましては，業種・業態の垣根を越えた販売競争の激化や，人手不足による人件費の高騰及び供給面での制約や原材料価格の上昇等により，依然として厳しい経営環境が続いております。

　当連結会計年度における主な経営成績は次のとおりであります。

　なお，当連結会計年度は決算期変更の経過期間にあたるため，2022年2月21日から2023年3月31日までの13か月11日間となっております。前期は12か月であるため比較対象期間が異なりますが，参考数値として増減額および増減率を記載しております。

　また，当連結会計年度の期首より，「収益認識に関する会計基準」（企業会計基準第29号2020年3月31日）等を適用しております。詳細は，「第5経理の状況　1連結財務諸表等　（1）連結財務諸表　注記事項　（収益認識関係）」に記載のとおりであります。

⦗*point*⦘ **連結財務諸表等**

　ここでは主に財務諸表の作成方法についての説明が書かれている。企業は大蔵省が定めた規則に従って財務諸表を作るよう義務付けられている。また金融商品法に従い，作成した財務諸表がどの監査法人によって監査を受けているかも明記されている。

	前連結会計年度 （百万円）	当連結会計年度 （百万円）	増減額 （百万円）	増減率 （%）
売上高	811,581	948,094	136,513	16.8
営業利益	138,270	140,076	1,806	1.3
（利益率）	（17.0%）	（14.8%）		
経常利益	141,847	144,085	2,237	1.6
親会社株主に帰属する 当期純利益	96,724	95,129	△1,594	△1.6

　セグメント別の経営成績は次のとおりであります。

　なお，ニトリ事業の当連結会計年度の外部顧客への売上高は813,734百万円であり，島忠事業の外部顧客への売上高は134,360百万円となります。

		前連結会計年度 （百万円）	当連結会計年度 （百万円）	増減額 （百万円）	増減率 （%）
ニトリ事業	売上高	679,252	821,782	142,529	21.0
	営業利益	135,274	135,329	55	0.0
島忠事業	売上高	137,052	134,664	△2,388	△1.7
	営業利益	3,032	4,112	1,079	35.6

① **ニトリ事業**

　国内の営業概況といたしましては，当連結会計年度において，ニトリ43店舗，デコホーム33店舗と積極的な出店を進めてまいりました。なかでも，ニトリ目黒通り店及びニトリ池袋サンシャイン60通り店は，実際の部屋をイメージした部屋型プレゼンテーションを多数展開した都内の旗艦店としてオープンいたしました。2022年7月には，早い時間帯にお買い物をしたいというお客様の声にお応えし，353店舗において開店時間を午前11時から午前10時に繰り上げいたしました。また，より多くのお客様にご満足いただくために，家具や家電商品の無料配送や，一部商品のお試し価格でのご提供を複数行うなど各種キャンペーン施策を実施してまいりました。販売費及び一般管理費につきましては，物流の効率化による発送配達費の削減などを行い，経費の抑制に努めてまいりました。しかしながら，急激な円安の進行や原油高に起因する輸入コストの上昇等により売上原価は増加いたしました。

　当連結会計年度における販売実績といたしましては，横向き寝がラクなまくら「ナチュラルフィット」，背もたれとフットレストをそれぞれお好みの角度に調整できる電動本革リクライニングパーソナルチェア「2モーターLE01」，熱や傷に

強いセラミック素材を天板に使用したダイニングテーブル「セーラル」などの売上が好調に推移いたしました。2022年度グッドデザイン賞（主催：公益財団法人日本デザイン振興会）におきましては，「手にフィットして握りやすいオールステンレス包丁」「UVカット率99％でも明るいレースカーテン」「5層構造ボリューム敷布団スリープメンテ」の3項目において受賞いたしました。当社グループの企画・開発・実現への取り組みが評価され，2013年度より10年連続でのグッドデザイン賞受賞となっております。

　新しい買い方のご提案に関する取り組みといたしましては，前連結会計年度に開始した「インスタライブ」に加え，お客様とのコミュニケーションをより密に取れる「ニトリLIVE」をニトリネット内に公開し，週2回配信を行っております。ニトリLIVE内ではクーポンの配布を行うなど，お客様との接点拡大も進めております。また，ご自宅にいながら無料で窓まわりの商品購入に関する相談ができる「カーテンオンライン相談サービス」を開始いたしました。このサービスでは，カーテン，ロールスクリーン，ブラインド等の商品のご提案だけでなく，採寸に関するご案内も行っております。2022年11月からはニトリネット内に，気になるインテリアがご自宅のお部屋に合うか，色や柄の組み合わせを確かめた上でお買い物ができる「お部屋deコーディネート」を導入いたしました。引き続き，オンラインとオフラインの融合施策を推進し，お客様との継続的な関係性の構築と，買い物利便性の向上に努めてまいります。

　物流施策といたしましては，川上から川下までの物流機能の全体最適の実現を目的とした物流戦略プロジェクトを推進しております。その第一弾として，石狩DC（北海道石狩市）を2022年5月に竣工し，9月より北海道内への商品供給を開始いたしました。また，11月に竣工した神戸DCは，2023年3月より関西圏への商品供給を開始いたしました。さらに，次年度以降の稼働を計画している名古屋DCを2022年7月に，幸手DC（埼玉県幸手市）を8月にそれぞれ着工しております。内製化による効率化を進めているラストワンマイルの配送網の整備においては，従前より東京23区を中心とした地域にてワンマン配送を行っておりましたが，その対象地域を関西圏にも拡大し，物流コストの抑制と配送の効率化を進めております。

(point) **連結財務諸表**

ここでは貸借対照表（またはバランスシート，BS），損益計算書(PL)，キャッシュフロー計算書の詳細を調べることができる。あまり会計に詳しくない場合は，最低限，損益計算書の売上と営業利益を見ておけばよい。可能ならば，その数字が過去5年，10年の間にどのように変化しているか調べると会社への理解が深まるだろう。

海外の営業概況といたしましては，中国大陸におきまして，感染症再拡大によるロックダウン等の影響により最大32店舗が営業停止になるなど厳しい状況でしたが，2022年6月より全店で営業を再開するとともに，北京市への初出店を果たすなど出店を加速し当連結会計年度において21店舗を出店いたしました。東南アジア地域におきましては，マレーシアへの店舗展開が順調に推移し，当連結会計年度末には7店舗体制となりました。シンガポールへも初出店を果たし，東南アジア地域への店舗拡大を加速しております。「住まいの豊かさを世界の人々に提供する。」という企業理念の実現に向けて，今後も未出店の国・地域も含め店舗網の積極的な拡大を進めてまいります。

② 島忠事業

　島忠事業につきましては，前連結会計年度より，地域のお客様にご支持いただける商品や売場を実現すべく様々な実験を行っております。2022年4月より，島忠の全店舗及びECサイト「シマホネット」においてニトリポイントの付与・利用が可能となっただけでなく，当社グループの配送網を活用した全国一律料金での配送が可能となり，お買い物をより一層お楽しみいただけるようになりました。また，既存の店舗において，お客様の買い物利便性の向上を目的とした売場及び設備の改装を進めております。商品の品揃えについても見直しを進めており，プライベートブランド商品の開発は順調に推移しております。当社グループにおける重点施策として，今後もお客様の暮らしに密着した「お，ねだん以上。」のプライベートブランド商品開発の拡大と，商品力の強化を図り，地域のお客様の快適な暮らしに貢献してまいります。

　2025年までの目標として設定した指標の進捗は次のとおりであります。

		2025年の目標	当連結会計年度実績
グループ合計	買上客数（年間）	2億人超	1億54百万人
	店舗数（期末）	1,400店舗	902店舗
日本国内	アプリ会員（期末）	2,500万人	1,601万人
	EC売上高（年間）	1,500億円	911億円

　店舗の出退店の状況は次のとおりであります。

		2022年2月20日 店舗数	出店	退店	2023年3月31日 店舗数
	ニトリ（EXPRESS含む）	494	43	14	523
	デコホーム	140	33	6	167
	台湾	44	10	1	53
	中国大陸	46	21	–	67
	米国	2	–	1	1
	マレーシア	1	6	–	7
	シンガポール	–	1	–	1
	Nプラス	18	13	1	30
ニトリ事業		745	127	23	849
島忠事業		56	–	3	53
合計		801	127	26	902

　当社では，お買い上げいただけるお客様の数が増え続けることが社会貢献のバロメーターになると考え，より多くのお客様に豊かな暮らしを提供すべく，日本そして世界へと店舗展開を拡大し，グローバルチェーンの整備を進めております。今後も引き続き，お客様数の増加と買い物利便性の向上のため，事業領域と店舗網の拡大を進めてまいります。

　当社は，2022年4月に株式会社エディオンと，両グループの事業拡大及び企業価値向上を目的とし，資本業務提携契約を締結いたしました。当社は，同社株式を10.00％取得し，同社の主要株主となっております。経営資源やノウハウを相互に活用することで，お客様のより豊かな生活に貢献するとともに，あらゆるステークホルダーの皆様の期待に応えることを目指してまいります。

　当連結会計年度におけるサステナビリティに関する取り組みといたしましては，気候変動への対応として，当社グループの店舗及び物流倉庫の屋根を活用した太陽光発電のプロジェクトを開始しております。

　資源循環の取り組みとして，再製品化，素材化，再資源化の3つのリサイクルの仕組みを構築いたしました。

　再製品化の取り組みでは，2021年に一部店舗でお客様より回収した羽毛ふとんから，回収・再製品化・販売の循環の仕組みを当社グループとして初めて構築することに成功し，リサイクル羽毛を約30％使用した「リサイクル羽毛ふとん」を一部店舗及びニトリネットにおいて販売開始いたしました。また，2022年は

羽毛ふとんの回収店舗を全国に拡大しました。素材化の取り組みでは，当連結会計年度はカーテンの回収店舗を全国に拡大し，海外で製品や生地素材としてリユースするとともに，国内で自動車の断熱材としてリサイクルいたしました。再資源化の取り組みでは，一部店舗でカーペット・敷ふとんを回収し，熱エネルギーやセメント材料として活用する仕組みを新たに構築いたしました。今後は本取り組みにおいても，カーテン・羽毛ふとんと同様に全国での実施を目指しております。

　また，多様性の確保に向けた社内環境整備に関する取り組みでは，2023年3月に，従業員のワークライフバランス向上を目的として，転勤なし・報酬の減額なしの「マイエリア制度」を導入するなど，多様な働き方が選択できるよう進めております。

　当社グループのサステナビリティへの取り組みはこれまでに一定の評価を得ており，2022年3月には，ESG投資の代表的指標である「FTSE Blossom Japan Sector Relative Index」の構成銘柄に選定されました。当社グループは今後も，企業として持続的に発展するとともに，一気通貫のビジネスモデルを通じて環境・社会課題を解決し，より良い未来に貢献することを目指してまいります。

(2)　生産，受注及び販売の実績 ··
販売実績

　当連結会計年度における販売実績をセグメントごとに示すと，次のとおりであります。

セグメントの名称	当連結会計年度 （自　2021年2月21日 至　2022年2月20日）	前期比
	百万円	％
ニトリ事業	674,528	△5.9
島忠事業	137,052	－
合計	811,581	13.2

(注)　セグメント間取引については，相殺消去しております。

(3) 財政状態 ···

　流動資産は，商品及び製品が334億83百万円，受取手形及び売掛金が182億2百万円，それぞれ増加したこと等により，前連結会計年度末に比べ519億86百万円増加いたしました。固定資産は，土地の増加等により有形固定資産が889億97百万円増加したこと等により，前連結会計年度末に比べ979億44百万円増加いたしました。これらの結果，当連結会計年度末の総資産は，前連結会計年度末に比べ1,499億30百万円増加し，1兆1,337億71百万円となりました。

　流動負債は，短期借入金が480億円，未払法人税等が80億20百万円，それぞれ増加したこと等により，前連結会計年度末に比べ585億87百万円増加いたしました。固定負債は，長期借入金が69億32百万円増加したこと等により，前連結会計年度末に比べ60億59百万円増加いたしました。これらの結果，当連結会計年度末の負債は，前連結会計年度末に比べ646億47百万円増加し，3,156億74百万円となりました。

　純資産は，利益剰余金が789億75百万円増加したこと等により，前連結会計年度末に比べ852億83百万円増加し，8,180億96百万円となりました。

(4) キャッシュ・フロー ···

　当連結会計年度における現金及び現金同等物（以下「資金」という）は，営業活動によるキャッシュ・フローにより913億98百万円増加し，投資活動によるキャッシュ・フローにより1,325億38百万円減少し，財務活動によるキャッシュ・フローにより369億3百万円増加したこと等により，前連結会計年度末に比べ19億60百万円減少し，1,251億15百万円となりました。

　当連結会計年度における各キャッシュ・フローの状況とそれらの要因は以下のとおりであります。

（営業活動によるキャッシュ・フロー）

　当連結会計年度における営業活動の結果獲得した資金は，913億98百万円（前連結会計年度は855億65百万円の獲得）となりました。これは主として，税金等調整前当期純利益1,389億13百万円及び法人税等の支払額400億43百万円によるものであります。

（投資活動によるキャッシュ・フロー）

　当連結会計年度における投資活動の結果支出した資金は，1,325億38百万円（前連結会計年度は1,199億80百万円の支出）となりました。これは主として，有形固定資産の取得による支出1,139億33百万円によるものであります。

（財務活動によるキャッシュ・フロー）

　当連結会計年度における財務活動の結果獲得した資金は，369億3百万円（前連結会計年度は177億29百万円の獲得）となりました。これは主として，短期借入金の純増減額（△は減少）400億円，長期借入れによる収入500億円及び長期借入金の返済による支出350億68百万円並びに配当金の支払額160億64百万円によるものであります。

（資本の財源及び資金の流動性）

　当社グループの主な資金需要は，商品仕入や販売費及び一般管理費等の運転資金及び出店や物流施設，工場拡張，システム投資等の設備投資資金であります。これらの資金需要につきましては，主に自己資金により賄うことを予定しておりますが，2032年の目標店舗数3,000店舗に向け，今後のM&A等を検討する場合に借入や社債発行等の資金調達が機動的かつ低コストで行えるよう，充実した内部資金を元とした健全な財務基盤を構築・維持することが重要であると考えております。

(5)　経営方針・経営戦略等又は経営上の目標の達成状況 ･･････････････････････

　世界情勢の不確実性の高まりや，日本国内の人口減少・少子高齢化・単身世帯や共働き世帯の増加・低所得化の進行，テクノロジーの進化による購買行動や価値観の多様化等，大きなビジネス環境の変化に直面しています。

　当社グループにおいては，独自のビジネスモデルである「製造物流IT小売業」を通じ，社会における共有価値を創出し相互繁栄を図ってまいります。既存事業における魅力ある品揃え・品質・価格の実現，ホームセンター事業におけるローコストオペレーションの実現，グローバル展開の加速を進めてまいります。また，お客様から支持し続けていただけるよう，変容する消費者ニーズ・ウォンツに対応した商品の開発や，変わりゆく消費者の買い方に応じた販売方法に変革をして

まいります。

　次期の連結業績見通しは，次のとおりであります。

	次期予想	当期	増減額	増減率
売上高（百万円）	932,000	948,094	△16,094	△1.7
営業利益（百万円）	145,100	140,076	5,023	3.6
経常利益（百万円）	147,000	144,085	2,914	2.0
親会社株主に帰属する当期純利益（百万円）	100,000	95,129	4,870	5.1
1株当たり当期純利益（円）	884.86	841.90	42.97	5.1

　当社は，決算期を2月20日から3月31日に変更いたしました。上記の当期実績につきましては，決算期変更の経過期間にあたるため，2022年2月21日から2023年3月31日までの13か月と11日間となっております。次期は12か月であるため比較対象期間が異なりますが，参考数値として増減額及び増減率を記載しております。

（6）　重要な会計上の見積り及び当該見積りに用いた仮定 ······················

　当社グループの連結財務諸表は，わが国において一般に公正妥当と認められる会計基準に基づき作成されております。当社の連結財務諸表で採用する重要な会計方針は，「第5　経理の状況　1　連結財務諸表等　（1）連結財務諸表　注記事項　連結財務諸表作成のための基本となる重要な事項　4.会計方針に関する事項」に記載のとおりであります。この連結財務諸表の作成にあたっては，過去の実績や状況に応じ合理的と考えられる要因等に基づき見積り及び判断を行っておりますが，見積り特有の不確実性があるために実際の結果は異なる場合があります。

設備の状況

1 設備投資等の概要

　当連結会計年度における設備投資（有形固定資産の他，無形固定資産を含む。）の総額は117,328百万円であり，セグメントごとの設備投資について示すと，次のとおりであります。

（ニトリ事業）

　主に店舗や物流センターの新設，来期以降の出店に係るものに対して総額113,134百万円の設備投資を実施いたしました。

　なお，当連結会計年度において重要な設備の除却，売却等はありません。

（島忠事業）

　主に来期以降の出店等に係るものに対して，総額4,193百万円の設備投資を実施いたしました。

　なお，当連結会計年度において重要な設備の除却，売却等はありません。

当社グループにおける主要な設備は，次のとおりであります。

（1）　提出会社

2023年3月31日現在

事業所名 （所在地）	セグメントの名称	設備の内容	帳簿価額（百万円）								従業員数（人） （外、臨時従業員数）
			建物及び構築物	機械装置及び運搬具	土地		リース資産	その他	合計		
					金額	面積（㎡）					
東京本部 （東京都北区）	ニトリ事業	統括業務施設	835	11	30	—	—	1,936	2,814		810 (185)
大阪本部 （大阪府豊中市）	ニトリ事業	統括業務施設	278	—	—	—	—	33	312		36 (3)
物流センター （神戸市中央区他）	ニトリ事業	物流倉庫	5,430	105	14,243	349,928 [291,573]	—	63	19,842		—
京都對龍山荘他 （京都市左京区他）	ニトリ事業	福利厚生施設等	123	1	3,337	29,220	—	2	3,465		—
ニトリモール相模原他（相模原市南区他）	ニトリ事業	ショッピングモール	9,433	—	6,486	25,179	—	1,603	17,523		16 (31)
旭川春光店他 （北海道地区）	ニトリ事業	店舗設備他	2,014	—	4,334	86,428 [53,077]	—	17	6,366		110 (55)
郡山店他 （東北地区）	ニトリ事業	店舗設備他	1,894	—	4,464	74,084 [57,779]	290	219	6,868		—
赤羽店他 （関東地区）	ニトリ事業	店舗設備他	7,635	—	62,565	140,289 [103,873]	155	3,009	73,365		—
松本店他 （北陸・甲信越地区）	ニトリ事業	店舗設備他	1,222	—	1,311	18,711 [17,430]	113	277	2,924		—
豊田店他 （東海地区）	ニトリ事業	店舗設備他	2,154	—	8,306	42,736 [42,736]	230	844	11,535		—
豊中店他 （近畿地区）	ニトリ事業	店舗設備他	5,555	—	25,033	106,732 [73,095]	—	62	30,651		—
広島インター店他 （中国地区）	ニトリ事業	店舗設備他	1,549	—	4,732	31,645 [31,645]	162	115	6,559		—
高知店他 （四国地区）	ニトリ事業	店舗設備他	548	—	—	—	—	13	562		—
福岡西店他 （九州・沖縄地区）	ニトリ事業	店舗設備他	2,915	—	4,997	42,403 [42,403]	—	288	8,201		—

（注）1.　その他は，工具，器具及び備品，長期前払費用，ソフトウェア，借地権及び投資その他の資産その他等であり，帳簿価額には建設仮勘定の金額を含んでおりません。

　　　2.　統括業務施設の一部並びに物流倉庫及び店舗設備他は，主に子会社へ賃貸しており，賃貸している土地の面積については，[　]で内書しております。

(2) 国内子会社

会社名	事業所名 (所在地)	セグメント の名称	設備の 内容	帳簿価額(百万円)		土地		リース 資産	その他	合計	従業員数 (人) (外、臨時 従業員数)
				建物 及び 構築物	機械装置 及び 運搬具	金額	面積 (㎡)				
㈱ニトリ	麻生店(札幌 市北区)他	ニトリ事業	統括業務 施設及び 店舗設備他	81,775	377	138,570	689,820	432	16,831	237,987	3,566 (12,759)
㈱ホーム ロジスティ クス	九州物流セ ンター(福岡 県篠栗町)他	ニトリ事業	物流 倉庫他	179	645	–	–	18	623	1,466	690 (1,780)
㈱島忠	店舗及び本 部(さいたま 市中央区)他	島忠事業	統括業務 施設及び 店舗設備他	45,986	7	95,129	391,856 (502,350)	113	1,146	142,383	1,438 (2,720)

(注) 1. その他は，工具，器具及び備品，ソフトウェア，長期前払費用，借地権及び投資その他の資産その
他等であり，帳簿価額には建設仮勘定の金額を含んでおりません。
2. (株)ニトリにおきまして，土地は，自己所有の土地を記載しております。
3. (株)島忠におきまして，統括業務施設及び店舗の一部を賃借しており，賃借している土地の面積に
ついては，( )で外書しております。

(3) 在外子会社

会社名	所在地	セグメント の名称	設備の 内容	帳簿価額(百万円)		使用権 資産	その他	合計	従業員数(人) (外、臨時従業 員数)
				建物 及び 構築物	機械装置 及び 運搬具				
NITORI FURNITURE VIETNAM EPE	ベトナム社会主 義共和国 ハノイ市	ニトリ事業	家具製造工場	949	1,486	4,249	71	6,757	5,361
	ベトナム社会主 義共和国 バリア・ブンタ ウ省	ニトリ事業	家具製造工場	7,487	3,865	2,413	135	13,901	4,531
似鳥(太倉) 商貿物流 有限公司	中華人民共和国 江蘇省太倉市	ニトリ事業	物流倉庫	7,820	18	1,664	37	9,541	336 (13)
似鳥(上海) 家居有限公司	中華人民共和国 上海市	ニトリ事業	店舗設備他	550	–	163	56	770	267 (144)
宜得利家居股 份有限公司	台湾台北市	ニトリ事業	店舗設備他	687	–	2,122	70	2,880	478 (340)

(注) その他は，工具，器具及び備品，長期前払費用，借地権及び投資その他の資産その他等であり，帳簿
価額には建設仮勘定の金額を含んでおりません。

3 設備の新設，除却等の計画

（1） 重要な設備の新設及び改修

会社名	事業所名 （所在地）	セグメント の名称	設備の内容	投資予定金額		着手及び完了 予定年月	
				総額 （百万円）	既支払額 （百万円）	着手	完了予定 年月
提出会社	名古屋物流センター（仮称） （愛知県飛島村）	ニトリ事業	物流センターの新設 敷地面積70,724㎡	29,505	10,216	2022年 7月	2024年 9月
㈱ニトリ	幸手物流センター（仮称） （埼玉県幸手市）	ニトリ事業	物流センターの新設 敷地面積106,439㎡	47,730	10,897	2022年 9月	2024年 12月
	仙台物流センター（仮称） （宮城県仙台市）	ニトリ事業	物流センターの新設 敷地面積40,663㎡	17,054	3,888	2023年 4月	2025年 3月
	福岡物流センター（仮称） （福岡県福岡市）	ニトリ事業	物流センターの新設 敷地面積40,982㎡	31,527	10,063	2023年 10月	2025年 9月

（注）　今後の必要資金は，自己資金及び借入金等により充当する予定であります。

（2） 重要な設備の除却及び売却

該当事項はありません。

提出会社の状況

1 株式等の状況

（1） 株式の総数等 ･･

① 株式の総数

種類	発行可能株式総数（株）
普通株式	288,000,000
計	288,000,000

② 発行済株式

種類	事業年度末現在発行数（株）（2023年3月31日）	提出日現在発行数（株）（2023年6月23日）	上場金融商品取引所名又は登録認可金融商品取引業協会名	内容
普通株式	114,443,496	114,443,496	東京証券取引所（プライム市場）札幌証券取引所	単元株式数100株
計	114,443,496	114,443,496	－	－

■ 経理の状況

1．連結財務諸表及び財務諸表の作成方法について ································

(1)　当社の連結財務諸表は，「連結財務諸表の用語，様式及び作成方法に関する規則」（1976年大蔵省令第28号。）に基づいて作成しております。

(2)　当社の財務諸表は，「財務諸表等の用語，様式及び作成方法に関する規則」（1963年大蔵省令第59号。以下「財務諸表等規則」という）に基づいて作成しております。

　　また，当社は，特例財務諸表提出会社に該当し，財務諸表等規則第127条の規定により財務諸表を作成しております。

2．監査証明について ··

　当社は，金融商品取引法第193条の2第1項の規定に基づき，連結会計年度（2022年2月21日から2023年3月31日まで）の連結財務諸表及び事業年度（2022年2月21日から2023年3月31日まで）の財務諸表について，有限責任監査法人トーマツによる監査を受けております。

3．決算期変更について ··

　2022年5月19日開催の第50回定時株主総会における定款一部変更の決議により，決算期を2月20日から3月31日に変更いたしました。

　したがって，当連結会計年度及び当事業年度は2022年2月21日から2023年3月31日までの13か月11日間となっております。

4．連結財務諸表等の適正性を確保するための特段の取り組みについて ··········

　当社は，連結財務諸表等の適正性を確保するための特段の取り組みを行っております。具体的には，会計基準等の内容を適切に把握し，会計基準等の変更等について的確に対応できる体制を整備するため，公益財団法人財務会計基準機構へ加入し，会計基準等に関する情報を入手しております。

　また，公益財団法人財務会計基準機構等の研修に参加しております。

（1） 連結財務諸表 ···

① 連結貸借対照表

（単位：百万円）

		前連結会計年度 （2022年2月20日）		当連結会計年度 （2023年3月31日）
資産の部				
流動資産				
現金及び預金		130,435		131,928
受取手形及び売掛金	※1	39,206	※1	57,408
商品及び製品		78,917		112,401
仕掛品		428		479
原材料及び貯蔵品		6,593		7,496
その他		22,794		20,641
貸倒引当金		△8		△1
流動資産合計		278,367		330,353
固定資産				
有形固定資産				
建物及び構築物	※2	389,745	※2	422,887
減価償却累計額		△203,933		△219,531
建物及び構築物（純額）	※2	185,812	※2	203,356
機械装置及び運搬具		18,371		20,792
減価償却累計額		△11,790		△13,978
機械装置及び運搬具（純額）		6,581		6,813
工具、器具及び備品		26,613		29,773
減価償却累計額		△16,900		△18,417
工具、器具及び備品（純額）		9,713		11,356
土地		339,139		377,009
リース資産		4,420		4,414
減価償却累計額		△2,555		△2,894
リース資産（純額）		1,865		1,519
使用権資産		6,741		15,333
減価償却累計額		△2,900		△4,203
使用権資産（純額）		3,841		11,129
建設仮勘定		13,527		38,294
有形固定資産合計		560,481		649,479
無形固定資産				
のれん		22,391		19,619
ソフトウエア		7,088		5,267
ソフトウエア仮勘定		931		1,740
借地権		7,615		6,272
その他		89		107
無形固定資産合計		38,116		33,005
投資その他の資産				
投資有価証券	※3	26,585	※3	39,089
長期貸付金		618		562
差入保証金	※2	18,890	※2	16,893
敷金		28,987		30,313
繰延税金資産		17,495		21,765
その他		14,369		12,379
貸倒引当金		△72		△72
投資その他の資産合計		106,875		120,932
固定資産合計		705,472		803,417
資産合計		983,840		1,133,771

	前連結会計年度 （2022年2月20日）	当連結会計年度 （2023年3月31日）
負債の部		
流動負債		
支払手形及び買掛金	※2 39,765	※2 38,459
短期借入金	35,068	83,068
リース債務	1,663	1,602
未払金	28,594	24,058
未払法人税等	20,330	28,351
契約負債	－	23,774
賞与引当金	4,482	8,380
ポイント引当金	3,113	11
株主優待費用引当金	428	422
事業整理損失引当金	－	220
その他	※2 29,735	※2 13,419
流動負債合計	163,181	221,769
固定負債		
長期借入金	50,398	57,330
リース債務	5,605	4,598
役員退職慰労引当金	228	228
退職給付に係る負債	5,741	5,886
資産除去債務	15,256	14,800
その他	※2 10,614	※2 11,060
固定負債合計	87,845	93,905
負債合計	251,027	315,674
純資産の部		
株主資本		
資本金	13,370	13,370
資本剰余金	26,814	30,711
利益剰余金	692,768	771,743
自己株式	△7,771	△10,111
株主資本合計	725,181	805,714
その他の包括利益累計額		
その他有価証券評価差額金	1,227	1,769
繰延ヘッジ損益	－	△1,829
為替換算調整勘定	6,591	12,479
退職給付に係る調整累計額	△187	△36
その他の包括利益累計額合計	7,631	12,382
純資産合計	732,813	818,096
負債純資産合計	983,840	1,133,771

② 連結損益計算書及び連結包括利益計算書

連結損益計算書

（単位：百万円）

	前連結会計年度 （自 2021年2月21日 至 2022年2月20日）	当連結会計年度 （自 2022年2月21日 至 2023年3月31日）
売上高	811,581	※1 948,094
売上原価	385,684	469,988
売上総利益	425,897	478,106
販売費及び一般管理費	※2 287,627	※2 338,029
営業利益	138,270	140,076
営業外収益		
受取利息	459	638
受取配当金	58	275
為替差益	－	853
持分法による投資利益	1,435	929
補助金収入	775	298
自動販売機収入	365	363
有価物売却益	209	303
その他	1,112	1,097
営業外収益合計	4,417	4,760
営業外費用		
支払利息	387	401
為替差損	77	－
その他	375	349
営業外費用合計	840	751
経常利益	141,847	144,085
特別利益		
固定資産売却益	※3 301	※3 17
事業構造改善引当金戻入額	499	－
特別利益合計	800	17
特別損失		
固定資産除売却損	※4 238	※4 139
減損損失	※5 579	※5 4,769
持分変動損失	49	61
事業整理損失引当金繰入額	－	218
特別損失合計	868	5,189
税金等調整前当期純利益	141,779	138,913
法人税、住民税及び事業税	43,616	47,503
法人税等調整額	1,438	△3,720
法人税等合計	45,054	43,783
当期純利益	96,724	95,129
親会社株主に帰属する当期純利益	96,724	95,129

連結包括利益計算書

（単位：百万円）

	前連結会計年度 （自 2021年2月21日 至 2022年2月20日）	当連結会計年度 （自 2022年2月21日 至 2023年3月31日）
当期純利益	96,724	95,129
その他の包括利益		
その他有価証券評価差額金	536	542
繰延ヘッジ損益	－	△1,829
為替換算調整勘定	7,713	5,888
退職給付に係る調整額	21	151
その他の包括利益合計	※ 8,271	※ 4,751
包括利益	104,995	99,881
（内訳）		
親会社株主に係る包括利益	104,995	99,881

---

point **財務諸表**

この項目では，連結ではなく単体の貸借対照表と，損益計算書の内訳を確認することができる。連結＝単体＋子会社なので，会社によっては単体の業績を調べて連結全体の業績予想のヒントにする場合があるが，あまりその必要性がある企業は多くない。

③ 連結株主資本等変動計算書

前連結会計年度（自 2021年2月21日 至 2022年2月20日）

（単位：百万円）

	株主資本				
	資本金	資本剰余金	利益剰余金	自己株式	株主資本合計
当期首残高	13,370	26,255	612,082	△8,971	642,737
当期変動額					
剰余金の配当			△15,350		△15,350
親会社株主に帰属する当期純利益			96,724		96,724
自己株式の取得				△9	△9
自己株式の処分		558		1,209	1,768
連結子会社の決算期変更に伴う増減			△687		△687
株主資本以外の項目の当期変動額（純額）					
当期変動額合計	－	558	80,686	1,200	82,444
当期末残高	13,370	26,814	692,768	△7,771	725,181

	その他の包括利益累計額				非支配株主持分	純資産合計
	その他有価証券評価差額金	為替換算調整勘定	退職給付に係る調整累計額	その他の包括利益累計額合計		
当期首残高	690	△1,122	△208	△640	43,295	685,392
当期変動額						
剰余金の配当						△15,350
親会社株主に帰属する当期純利益						96,724
自己株式の取得						△9
自己株式の処分						1,768
連結子会社の決算期変更に伴う増減						△687
株主資本以外の項目の当期変動額（純額）	536	7,713	21	8,271	△43,295	△35,024
当期変動額合計	536	7,713	21	8,271	△43,295	47,420
当期末残高	1,227	6,591	△187	7,631	－	732,813

当連結会計年度（自　2022年2月21日　至　2023年2月20日）

（単位：百万円）

	株主資本				
	資本金	資本剰余金	利益剰余金	自己株式	株主資本合計
当期首残高	13,370	26,814	692,768	△7,771	725,181
当期変動額					
剰余金の配当			△16,154		△16,154
親会社株主に帰属する当期純利益			95,129		95,129
自己株式の取得				△4,949	△4,949
自己株式の処分		3,897		2,608	6,505
株主資本以外の項目の当期変動額（純額）					
当期変動額合計	－	3,897	78,975	△2,340	80,532
当期末残高	13,370	30,711	771,743	△10,111	805,714

	その他の包括利益累計額					純資産合計
	その他有価証券評価差額金	繰延ヘッジ損益	為替換算調整勘定	退職給付に係る調整累計額	その他の包括利益累計額合計	
当期首残高	1,227	－	6,591	△187	7,631	732,813
当期変動額						
剰余金の配当						△16,154
親会社株主に帰属する当期純利益						95,129
自己株式の取得						△4,949
自己株式の処分						6,505
株主資本以外の項目の当期変動額（純額）	542	△1,829	5,888	151	4,751	4,751
当期変動額合計	542	△1,829	5,888	151	4,751	85,283
当期末残高	1,769	△1,829	12,479	△36	12,382	818,096

④ 連結キャッシュ・フロー計算書

（単位：百万円）

	前連結会計年度 （自 2021年2月21日 至 2022年2月20日）	当連結会計年度 （自 2022年2月21日 至 2023年3月31日）
営業活動によるキャッシュ・フロー		
税金等調整前当期純利益	141,779	138,913
減価償却費	23,785	26,186
減損損失	579	4,769
のれん償却額	2,559	2,772
貸倒引当金の増減額（△は減少）	2	△7
賞与引当金の増減額（△は減少）	△1,032	3,874
退職給付に係る負債の増減額（△は減少）	540	255
ポイント引当金の増減額（△は減少）	422	△3,116
受取利息及び受取配当金	△518	△913
支払利息	387	401
持分法による投資損益（△は益）	△1,435	△929
事業構造改善引当金戻入額	△499	–
固定資産除売却損益（△は益）	△62	122
持分変動損益（△は益）	49	61
事業整理損失引当金の増減額（△は減少）	–	218
売上債権の増減額（△は増加）	2,294	△39,324
棚卸資産の増減額（△は増加）	△4,058	△33,301
仕入債務の増減額（△は減少）	△9,185	△414
契約負債の増減額（△は減少）	–	23,799
未払消費税等の増減額（△は減少）	△9,029	1,463
その他	△2,309	△628
小計	144,270	124,202
利息及び配当金の受取額	1,361	1,736
利息の支払額	△403	△417
法人税等の支払額	△61,562	△40,043
法人税等の還付額	1,899	5,919
営業活動によるキャッシュ・フロー	85,565	91,398

	前連結会計年度 （自 2021年2月21日 至 2022年2月20日）	当連結会計年度 （自 2022年2月21日 至 2023年3月31日）
投資活動によるキャッシュ・フロー		
定期預金の預入による支出	△56	△5,789
定期預金の払戻による収入	30,185	2,502
有形固定資産の取得による支出	△101,520	△113,933
有形固定資産の売却による収入	1,918	17
無形固定資産の取得による支出	△1,642	△2,471
有価証券及び投資有価証券の取得による支出	△200	△11,989
有価証券及び投資有価証券の売却による収入	1	0
差入保証金の差入による支出	△857	△546
差入保証金の回収による収入	1,620	2,010
子会社株式の取得による支出	※2 △48,942	‒
敷金の差入による支出	△1,082	△2,681
敷金の回収による収入	599	308
預り保証金の受入による収入	‒	12
預り保証金の返還による支出	△255	△247
預り敷金の受入による収入	322	957
預り敷金の返還による支出	△142	△147
長期前払費用の取得による支出	△150	△762
貸付金の回収による収入	220	202
その他	‒	18
投資活動によるキャッシュ・フロー	△119,980	△132,538
財務活動によるキャッシュ・フロー		
短期借入金の純増減額（△は減少）	△46,715	40,000
長期借入金の返済による支出	△18,534	△35,068
長期借入れによる収入	100,000	50,000
リース債務の返済による支出	△1,651	△1,961
自己株式の取得による支出	△9	△2
配当金の支払額	△15,360	△16,064
財務活動によるキャッシュ・フロー	17,729	36,903
現金及び現金同等物に係る換算差額	2,936	2,276
現金及び現金同等物の増減額（△は減少）	△13,748	△1,960
現金及び現金同等物の期首残高	125,487	127,076
連結子会社の決算期変更に伴う現金及び現金同等物の増減額（△は減少）	15,337	‒
現金及び現金同等物の期末残高	※1 127,076	※1 125,115

【注記事項】

（連結財務諸表作成のための基本となる重要な事項）

1. 連結の範囲に関する事項 ……………………………………………………

（1） 連結子会社の数　31社　　（前連結会計年度　28社）

主要な連結子会社の名称

（株）ニトリ

（株）島忠

（株）ホームロジスティクス

宜得利家居股份有限公司

似鳥（中国）投資有限公司

明応商貿（上海）有限公司

似鳥（上海）家居有限公司

似鳥（上海）家居銷售有限公司

似鳥（太倉）商貿物流有限公司

NITORI USA, INC.

NITORI FURNITURE VIETNAM EPE

（株）ニトリパブリック

（株）ホーム・デコ

他　18社

当連結会計年度において，新たに設立した子会社3社を連結の範囲に含めております。また，2017年8月30日開催の取締役会において，当社の連結子会社である P.T. NITORI FURNITURE INDONESIA を清算することを決議しており，現在同社は清算手続中であります。

（2）　主要な非連結子会社の名称等 …………………………………………

該当事項はありません。

2. 持分法の適用に関する事項 ……………………………………………………

（1）　持分法を適用した関連会社数　1社 …………………………………

（株）カチタス

（2） 持分法の適用の手続について特に記載する必要があると認められる事項 ‥‥

当連結会計年度より，当社は決算期を2月20日から3月31日に変更しております。この決算期変更に伴い，当連結会計年度において，当該会社の2022年1月1日から2023年3月31日までの15か月間の財務諸表を使用しております。

3. 連結決算日の変更に関する事項 ‥‥‥‥‥‥‥‥‥‥‥‥‥‥‥‥‥‥‥‥

当社は，連結決算日を毎年2月20日としておりましたが，当社グループの事業管理等において効率的な業務執行を図るため，また，同業他社との月次比較の利便性等を考慮し，2022年5月19日開催の第50回定時株主総会の決議により，連結決算日を毎年3月31日に変更しております。この変更に伴い，決算期変更の経過期間となる当連結会計年度の期間は，2022年2月21日から2023年3月31日までの13か月11日間となっております。

4. 連結子会社の事業年度等に関する事項 ‥‥‥‥‥‥‥‥‥‥‥‥‥‥‥‥

連結子会社の事業年度の末日が連結決算日と異なる会社は次のとおりであります。

（株）ニトリファニチャー‥‥‥‥‥‥ 2022年12月20日
宜得利家居股份有限公司
似鳥（中国）投資有限公司
明応商貿（上海）有限公司
似鳥（上海）家居有限公司
似鳥（上海）家居銷售有限公司
似鳥（太倉）商貿物流有限公司
NITORI USA, INC.
NITORI FURNITURE VIETNAM EPE
（株）ニトリパブリック
他13社　　　‥‥‥‥‥‥‥‥‥ 2022年12月31日
（株）ホーム・デコ ‥‥‥‥‥‥‥ 2023年1月31日
連結財務諸表の作成に当たって，（株）島忠，及び（株）ニトリファニチャーを

除く各連結子会社については，連結決算日との差異が3か月を超えないため，当該各子会社の事業年度に係る財務諸表を使用しております。ただし，各子会社の決算日から連結決算日2023年3月31日までの期間に発生した重要な取引については，連結上必要な調整を行っております。

当連結会計年度より，（株）島忠は決算日を3月31日に変更し連結決算日と同一になっております。この決算期変更に伴い，当連結会計年度において，当該会社の2022年2月21日から2023年3月31日までの13か月11日間を，連結決算日現在で実施した仮決算に基づく財務諸表を使用し連結財務諸表を作成しております。

（株）ニトリファニチャーについては，当社の決算期変更に伴い，当連結会計年度において，当該会社の2021年12月21日から2023年3月31日までの15か月11日間を，連結決算日現在で実施した仮決算に基づく財務諸表を使用し連結財務諸表を作成しております。

5. 会計方針に関する事項 ……………………………………………
（1） 重要な資産の評価基準及び評価方法 ……………………………
① 有価証券
　その他有価証券
　　市場価格のない株式等以外のもの
　　　決算日の市場価格等に基づく時価法（評価差額は全部純資産直入法により処理し，売却原価は総平均法により算定）を採用しております。
　　市場価格のない株式等
　　　総平均法による原価法を採用しております。
　　　なお，投資事業有限責任組合への出資（金融商品取引法第2条第2項により有価証券とみなされるもの）については，組合契約に規定される決算報告日に応じて入手可能な最近の決算書を基礎として，持分相当額を純額で取り込む方式によっております。
② 棚卸資産
　ニトリ事業…移動平均法による原価法

島忠事業……売価還元法による原価法

（収益性の低下に基づく簿価切下げの方法）を採用しております。

③ デリバティブ

時価法を採用しております。

(2)　重要な減価償却資産の減価償却の方法 ·······································

① **有形固定資産（リース資産，使用権資産を除く）**

当社及び国内連結子会社は定率法を，また，在外連結子会社は定額法を採用しております。

ただし，当社及び国内連結子会社は1998年4月1日以降に取得した建物（建物付属設備を除く）並びに2016年4月1日以降に取得した建物付属設備及び構築物については，定額法を採用しております。

なお，主な耐用年数は次のとおりであります。

建物及び構築物	5年～47年
機械装置及び運搬具	4年～12年
工具，器具及び備品	2年～10年

また，当社及び国内連結子会社は事業用借地権設定契約に基づく借地権上の建物については借地契約期間を耐用年数とし，残存価額を零とする定額法によっております。

なお，上記に係る耐用年数は主に20年であります。

② **無形固定資産（リース資産を除く）**

定額法を採用しております。

なお，自社利用のソフトウエアについては，社内における利用可能期間（5年）に基づいております。

③ **リース資産**

リース期間を耐用年数とし，残存価額を零とする定額法を採用しております。

なお，リース取引開始日が2009年2月20日以前の所有権移転外ファイナンス・リース取引については，通常の賃貸借取引に係る方法に準じた会計処理によっております。

---

④ 使用権資産

資産の耐用年数またはリース期間のいずれか短い年数に基づく定額法を採用しております。

(3) 重要な引当金の計上基準

① 貸倒引当金

当社及び一部の連結子会社は売掛金，貸付金等の債権の貸倒損失に備えるため，一般債権については貸倒実績率により，貸倒懸念債権等の特定の債権については個別に回収可能性を勘案し回収不能見込額を計上しております。

② 賞与引当金

当社及び一部の連結子会社は従業員の賞与の支給に備えるため，当連結会計年度末以前1年間の支給実績を基準にして，当連結会計年度に対応する支給見込額を計上しております。

③ ポイント引当金

顧客に付与したポイントの利用に備えるため，当連結会計年度末において将来利用されると見込まれる額を計上しております。

④ 株主優待費用引当金

株主優待券の利用による費用の発生に備えるため，株主優待券の利用実績等を基準として当連結会計年度末において将来利用されると見込まれる額を計上しております。

⑤ 役員退職慰労引当金

役員の退職慰労金の支給に備えるため，内規に基づく期末要支給額を計上しております。なお，当社については2004年4月に，国内連結子会社については2005年12月に役員退職慰労金制度を廃止しており，計上額は過去分の要支給額となっております。

(4) 退職給付に係る会計処理の方法

① 退職給付見込額の期間帰属方法

退職給付債務の算定に当たり，退職給付見込額を当連結会計年度末までの期

間に帰属させる方法については給付算定式基準によっております。

② **数理計算上の差異及び過去勤務費用の費用処理方法**

数理計算上の差異は，各連結会計年度の発生時における従業員の平均残存勤務期間以内の一定の年数（主として10年）による定額法により按分した額をそれぞれ発生の翌連結会計年度から費用処理することとしております。また，過去勤務費用は，その発生時における従業員の平均残存勤務期間以内の一定の年数（10年）による定額法により按分した額を費用処理することとしております。

(5) 重要な収益及び費用の計上基準 ···

当社グループは主に家具・インテリア用品・ホームセンター商品の開発・製造・販売を行っており，商品を顧客に販売することを履行義務としております。これらの商品については，商品の引渡時点において顧客が当該商品に対する支配を獲得し，履行義務が充足されると判断していることから，主に商品の引渡時点で収益を認識しております。ただし，「収益認識に関する会計基準の適用指針」第98項に定める代替的な取扱いを適用し，日本国内において，宅配業者に一時的に支配が移転する販売については出荷から顧客への引渡しまでの期間が通常の期間であるため，出荷時点で収益を認識しております。

また，当社グループは会員顧客向けのポイント制度を運営しており，顧客への商品販売に伴い付与したポイントは履行義務として識別し，将来の失効見込み等を考慮して算定されたポイントの独立販売価格を基礎として取引価格の配分を行うことで，契約負債の金額を算定しております。契約負債はポイントの利用時及び失効時に取り崩しを行い，収益を認識しております。

なお，顧客との契約に係る対価は，履行義務の充足時点から，通常1年以内に支払いを受けており，対価の金額に重要な金融要素は含まれておりません。

(6) 重要な外貨建の資産又は負債の本邦通貨への換算基準 ······················

外貨建金銭債権債務は，連結決算日の直物為替相場により円貨に換算し，換算差額は損益として処理しております。なお，在外子会社の資産及び負債は，連結決算日の直物為替相場により円貨に換算し，収益及び費用は期中平均相場によ

り円貨に換算し，換算差額は純資産の部における為替換算調整勘定に含めて計上しております。

(7) 重要なヘッジ会計の方法 ……………………………………………

① ヘッジ会計の方法
外貨建取引等会計処理基準に基づく繰延処理によっております。

② ヘッジ手段とヘッジ対象
ヘッジ手段　…為替予約
ヘッジ対象　…外貨建仕入債務

③ ヘッジ方針
為替予約は，為替相場変動リスクの低減のため，対象債務の範囲内でヘッジを行っております。

④ ヘッジ有効性評価の方法
デリバティブ取引に関する社内規程に基づき，半年毎にヘッジの有効性の確認を行っております。

(8) のれんの償却方法及び償却期間 ……………………………………
10年間の定額法により償却しております。

(9) 連結キャッシュ・フロー計算書における資金の範囲 ………………………
連結キャッシュ・フロー計算書における資金（現金及び現金同等物）は，手許現金，随時引き出し可能な預金及び容易に換金可能であり，かつ，価値の変動について僅少なリスクしか負わない取得日から3ヶ月以内に償還期限の到来する短期投資からなっております。

（重要な会計上の見積り）
有形固定資産及び無形固定資産の評価

(1) 当連結会計年度の連結財務諸表に計上した金額 ………………………
有形固定資産　　　　　649,479百万円

無形固定資産　　　　　　33,005百万円

　　減損損失　　　　　　　　4,769百万円

　有形固定資産及び無形固定資産には，中国大陸事業に属する共用資産が合計で，前連結会計年度9,133百万円，当連結会計年度9,309百万円含まれております。

(2)　識別した項目に係る重要な会計上の見積りの内容に関する情報 ⋯⋯⋯⋯⋯

　当社グループでは，有形固定資産及び無形固定資産について，事業の種類毎に資産をグルーピングしており，資産グループの営業損益が2期連続してマイナスとなった場合及びその他減損が生じている可能性を示す事象がある場合等に，減損の兆候を識別しております。減損の兆候を識別した場合に，当該資産グループから得られる割引前将来キャッシュ・フローの総額が帳簿価額を下回る場合には，固定資産の帳簿価額を回収可能価額まで減額し，当該減少額を減損損失として計上しております。割引前将来キャッシュ・フローは，事業計画を基礎とし，将来の不確実性を考慮して見積っております。

　なお，中国大陸事業に属する共用資産については，感染症再拡大によるロックダウン等の影響を受け，収益率が低下していることから，減損の兆候があると判断し，減損損失の認識の要否について検討を行いました。検討の結果，当該資産について，割引前将来キャッシュ・フローの総額が中国大陸事業の固定資産の帳簿価額を超えると判断し，減損損失は計上しておりません。中国大陸事業における事業計画では，将来の店舗数の増加や店舗当たり売上高の成長を主要な仮定として織り込んでおります。当該見積りに関して，中国大陸事業の店舗開発・運営は国内事業に比べ新規性が高く，将来の不確実な経済条件の変動等により見積りの見直しが必要となった場合，翌連結会計年度以降の連結財務諸表において認識する減損損失の金額に影響を与える可能性があります。

（会計方針の変更）

　（収益認識に関する会計基準等の適用）

　「収益認識に関する会計基準」（企業会計基準第29号　2020年3月31日。以下「収益認識会計基準」という。）等を当連結会計年度の期首から適用し，約束し

た財又はサービスの支配が顧客に移転した時点で，当該財又はサービスと交換に受け取ると見込まれる金額で収益を認識することとしております。これによる主な変更点は以下のとおりです。

(1)　配送サービスに係る収益認識

　　顧客から受け取る配送料については，従来は販売費及び一般管理費から控除しておりましたが，当該サービスは商品を提供する履行義務に含まれることから，収益として認識しております。

(2)　代理人取引に係る収益認識

　　消化仕入に係る収益等について，従来は，顧客から受け取る対価の総額で収益を認識しておりましたが，顧客への財又はサービスの提供における役割が代理人に該当する取引については，顧客から受け取る額から仕入先に支払う額を控除した純額で収益を認識する方法に変更しております。

(3)　ポイント制度に係る収益認識

　　従来，付与したポイントのうち将来利用されると見込まれる額をポイント引当金として計上し，ポイント引当金繰入額を売上高から控除しておりましたが，売上に対して付与したポイントを履行義務として識別し，将来の失効見込み等を考慮して算定されたポイントの独立販売価格を基礎として取引価格の配分を行う方法に変更し，販促として付与したポイントは販売促進費として費用処理する方法に変更しております。この変更により，前連結会計年度の連結貸借対照表上において，「ポイント引当金」で表示していた売上に対して付与したポイントに係る負債は「契約負債」で表示することといたしました。

　　収益認識会計基準等の適用については，収益認識会計基準第84項ただし書きに定める経過的な取扱いに従っており，当連結会計年度の期首より前に新たな会計方針を遡及適用した場合の累積的影響額を，当連結会計年度の期首の利益剰余金に加減し，当該期首残高から新たな会計方針を適用しております。ただし，収益認識会計基準第86項に定める方法を適用し，当連結会計年度の期首より前までに従前の取り扱いに従ってほとんどすべての収益の額を認識した契約に，新たな会計方針を遡及適用していません。

　　この結果，当連結会計年度の売上高は9,645百万円増加，売上原価は1,984

百万円減少，販売費及び一般管理費は11,848百万円増加，営業利益は217百万円減少，経常利益及び税金等調整前当期純利益はそれぞれ9百万円増加しております。なお，1株当たり情報に与える影響は軽微であります。また，当連結会計年度の期首の利益剰余金に与える影響はありません。

　収益認識会計基準等を適用したため，前連結会計年度の連結貸借対照表において，「流動負債」の「その他」に含めて表示していた「前受金」及び「前受収益」は，当連結会計年度より「契約負債」に含めて表示しております。前連結会計年度の連結キャッシュ・フロー計算書において，「営業活動によるキャッシュ・フロー」に表示していた「ポイント引当金の増減額（△は減少）」の一部，「売上債権の増減額（△は増加）」の一部，及び「その他」に含めて表示していた「前受収益の増減額（△は減少）」は，当連結会計年度より「契約負債の増減額（△は減少）」に含めて表示しております。なお，収益認識会計基準第89-2項に定める経過的な取扱いに従って，前連結会計年度について新たな表示方法により組替えを行っておりません。また，収益認識会計基準第89-3項に定める経過的な取扱いに従って，前連結会計年度に係る「収益認識関係」注記については記載しておりません。

(時価の算定に関する会計基準等の適用)
　「時価の算定に関する会計基準」（企業会計基準第30号　2019年7月4日。以下「時価算定会計基準」という。）等を当連結会計年度の期首から適用し，時価算定会計基準第19項及び「金融商品に関する会計基準」（企業会計基準第10号　2019年7月4日）第44－2項に定める経過的な取扱いに従って，時価算定会計基準等が定める新たな会計方針を将来にわたって適用することとしております。なお，連結財務諸表に与える影響はありません。また，「金融商品関係」注記において，金融商品の時価のレベルごとの内訳等に関する事項等の注記を行うことといたしました。ただし，「金融商品の時価等の開示に関する適用指針」（企業会計基準適用指針第19号　2019年7月4日）第7－4項に定める経過的な取扱いに従って，当該注記のうち前連結会計年度に係るものについては記載しておりません。

（未適用の会計基準等）

1.「時価の算定に関する会計基準の適用指針」

「時価の算定に関する会計基準の適用指針」（企業会計基準適用指針第31号
2021年6月17日）

(1)　概要

「時価の算定に関する会計基準の適用指針」（企業会計基準委員会　企業会計基準適用指針第31号）の2021年6月17日の改正は，2019年7月4日の公表時において，「投資信託の時価の算定」に関する検討には，関係者との協議等に一定の期間が必要と考えられるため，また，「貸借対照表に持分相当額を純額で計上する組合等への出資」の時価の注記についても，一定の検討を要するため，「時価の算定に関する会計基準」公表後，概ね1年をかけて検討を行うこととされていたものが，改正され，公表されたものです。

(2)　適用予定日

2024年3月期の期首から適用予定であります。

(3)　当該会計基準等の適用による影響

「時価の算定に関する会計基準の適用指針」の適用による連結財務諸表に与える影響については，現時点で評価中であります。

2.「法人税，住民税及び事業税等に関する会計基準」等

「法人税，住民税及び事業税等に関する会計基準」（企業会計基準第27号
2022年10月28日）

「包括利益の表示に関する会計基準」（企業会計基準第25号　2022年10月28日）

「税効果会計に係る会計基準の適用指針」（企業会計基準適用指針第28号
2022年10月28日）

(1)　概要

その他の包括利益に対して課税される場合の法人税等の計上区分及びグループ法人税制が適用される場合の子会社株式等の売却に係る税効果の取扱いを定めるものです。

(2) 適用予定日

　2025年3月期の期首から適用予定であります。

(3) 当該会計基準等の適用による影響

　「法人税，住民税及び事業税等に関する会計基準」等の適用による連結財務諸表に与える影響額については，現時点で評価中であります。

(表示方法の変更)

（連結キャッシュ・フロー計算書関係）

　前連結会計年度において，総額表示しておりました「財務活動によるキャッシュ・フロー」の「短期借入れによる収入」及び「短期借入金の返済による支出」は，借入期間が短く，かつ回転期間が速いため，当連結会計年度より，「短期借入金の純増減額（△は減少）」として純額表示しております。この表示方法の変更を反映させるため，前連結会計年度の連結財務諸表の組替えを行っております。この結果，前連結会計年度の連結キャッシュ・フロー計算書において，「財務活動によるキャッシュ・フロー」の「短期借入れによる収入」49,000百万円及び「短期借入金の返済による支出」△95,715百万円は，「短期借入金の純増減額（△は減少）」△46,715百万円として組み替えております。。

2 財務諸表等

(1) 財務諸表 ···

① 貸借対照表

（単位：百万円）

	前事業年度 （2022年2月20日）	当事業年度 （2023年3月31日）
資産の部		
流動資産		
現金及び預金	21,001	14,682
売掛金	1,099	1,583
前払費用	463	1,224
短期貸付金	157	121
未収入金	8,260	2,341
その他	8	7
流動資産合計	30,990	19,961
固定資産		
有形固定資産		
建物	※1 43,981	※1 39,864
構築物	1,961	1,725
機械及び装置	143	108
車両運搬具	17	9
工具、器具及び備品	348	308
土地	116,573	139,844
リース資産	1,101	951
建設仮勘定	2,829	8,418
有形固定資産合計	166,956	191,232
無形固定資産		
借地権	3,957	3,957
ソフトウエア	1,864	1,678
ソフトウエア仮勘定	3	23
その他	2	2
無形固定資産合計	5,827	5,661
投資その他の資産		
投資有価証券	3,148	15,825
関係会社株式	266,440	267,271
長期貸付金	365	339
関係会社長期貸付金	19,993	63,493
従業員に対する長期貸付金	428	296
長期前払費用	3,634	3,193
繰延税金資産	6,092	7,357
差入保証金	6,962	5,416
敷金	12,925	12,535
その他	2,702	2,680
投資その他の資産合計	322,694	378,411
固定資産合計	495,478	575,305
資産合計	526,468	595,267

	前事業年度 （2022年2月20日）	当事業年度 （2023年3月31日）
負債の部		
流動負債		
短期借入金	–	40,000
1年内返済予定の長期借入金	35,068	43,068
リース債務	138	138
未払金	2,859	4,784
未払法人税等	587	1,782
預り金	238	234
賞与引当金	476	1,252
株主優待費用引当金	428	422
その他	※1 1,382	※1 1,211
流動負債合計	41,178	92,895
固定負債		
長期借入金	50,398	57,330
関係会社長期借入金	–	18,300
リース債務	962	813
役員退職慰労引当金	145	145
長期預り敷金保証金	※1 5,847	※1 6,239
資産除去債務	2,765	2,747
その他	322	271
固定負債合計	60,442	85,847
負債合計	101,621	178,743
純資産の部		
株主資本		
資本金	13,370	13,370
資本剰余金		
資本準備金	13,506	13,506
その他資本剰余金	8,892	12,789
資本剰余金合計	22,398	26,295
利益剰余金		
利益準備金	500	500
その他利益剰余金		
別途積立金	53,600	53,600
繰越利益剰余金	339,027	325,281
利益剰余金合計	393,127	379,381
自己株式	△4,701	△3,654
株主資本合計	424,195	415,392
評価・換算差額等		
その他有価証券評価差額金	652	1,130
評価・換算差額等合計	652	1,130
純資産合計	424,847	416,523
負債純資産合計	526,468	595,267

② 損益計算書

（単位：百万円）

	前事業年度 （自 2021年2月21日 至 2022年2月20日）	当事業年度 （自 2022年2月21日 至 2023年3月31日）
売上高		
不動産賃貸収入	25,788	28,519
関係会社受取配当金	33,758	3,558
売上高合計	59,546	32,078
売上原価		
不動産賃貸原価	20,895	22,728
売上原価合計	20,895	22,728
売上総利益	38,650	9,350
販売費及び一般管理費	※2 13,691	※2 16,347
営業利益又は営業損失（△）	24,959	△6,997
営業外収益		
受取利息	125	160
受取配当金	40	254
経営指導料	14,234	15,163
その他	397	642
営業外収益合計	14,798	16,219
営業外費用		
支払利息	199	228
その他	3	11
営業外費用合計	203	239
経常利益	39,555	8,983
特別利益		
固定資産売却益	291	0
特別利益合計	291	0
特別損失		
固定資産除売却損	46	65
関係会社株式評価損	482	1,801
減損損失	－	3,920
特別損失合計	529	5,788
税引前当期純利益	39,317	3,195
法人税、住民税及び事業税	1,403	2,242
法人税等調整額	525	△1,474
法人税等合計	1,929	768
当期純利益	37,387	2,426

売上原価明細書

	前事業年度 （自　2021年2月21日 至　2022年2月20日）		当事業年度 （自　2022年2月21日 至　2023年3月31日）	
区分	金額（百万円）	構成比 （%）	金額（百万円）	構成比 （%）
支払賃借料	15,046	72.0	16,531	72.7
減価償却費	4,626	22.1	4,761	20.9
諸経費	1,222	5.9	1,435	6.3
売上原価	20,895	100.0	22,728	100.0

③ 株主資本等変動計算書

前事業年度（自 2021年2月21日 至 2022年2月20日）

（単位：百万円）

	株主資本									
	資本金	資本剰余金			利益剰余金				自己株式	株主資本合計
		資本準備金	その他資本剰余金	資本剰余金合計	利益準備金	その他利益剰余金		利益剰余金合計		
						別途積立金	繰越利益剰余金			
当期首残高	13,370	13,506	8,333	21,839	500	53,600	317,019	371,119	△4,813	401,516
当期変動額										
剰余金の配当							△15,379	△15,379		△15,379
当期純利益							37,387	37,387		37,387
自己株式の取得									△9	△9
自己株式の処分			558	558					121	679
株主資本以外の項目の当期変動額（純額）										
当期変動額合計	－	－	558	558	－	－	22,008	22,008	111	22,678
当期末残高	13,370	13,506	8,892	22,398	500	53,600	339,027	393,127	△4,701	424,195

	評価・換算差額等		純資産合計
	その他有価証券評価差額金	評価・換算差額等合計	
当期首残高	690	690	402,206
当期変動額			
剰余金の配当			△15,379
当期純利益			37,387
自己株式の取得			△9
自己株式の処分			679
株主資本以外の項目の当期変動額（純額）	△38	△38	△38
当期変動額合計	△38	△38	22,640
当期末残高	652	652	424,847

当事業年度（自　2022年2月21日　至　2023年2月20日）

（単位：百万円）

	株主資本									
	資本金	資本剰余金			利益剰余金				自己株式	株主資本合計
		資本準備金	その他資本剰余金	資本剰余金合計	利益準備金	その他利益剰余金		利益剰余金合計		
						別途積立金	繰越利益剰余金			
当期首残高	13,370	13,506	8,892	22,398	500	53,600	339,027	393,127	△4,701	424,195
当期変動額										
剰余金の配当							△16,173	△16,173		△16,173
当期純利益							2,426	2,426		2,426
自己株式の取得									△2	△2
自己株式の処分			3,897	3,897					1,049	4,946
株主資本以外の項目の当期変動額（純額）										
当期変動額合計	－	－	3,897	3,897	－	－	△13,746	△13,746	1,047	△8,802
当期末残高	13,370	13,506	12,789	26,295	500	53,600	325,281	379,381	△3,654	415,392

	評価・換算差額等		純資産合計
	その他有価証券評価差額金	評価・換算差額等合計	
当期首残高	652	652	424,847
当期変動額			
剰余金の配当			△16,173
当期純利益			2,426
自己株式の取得			△2
自己株式の処分			4,946
株主資本以外の項目の当期変動額（純額）	478	478	478
当期変動額合計	478	478	△8,323
当期末残高	1,130	1,130	416,523

【注記事項】

（重要な会計方針）

1．資産の評価基準及び評価方法 ・・・・・・・・・・・・・・・・・・・・・・・・・・・・・・・・・・・

（1）　有価証券の評価基準及び評価方法 ・・・・・・・・・・・・・・・・・・・・・・・・・・・

①　関係会社株式

総平均法による原価法を採用しております。

② その他有価証券

市場価格のない株式等以外のもの

決算日の市場価格等に基づく時価法（評価差額は全部純資産直入法により処理し，売却原価は総平均法により算定）を採用しております。

市場価格のない株式等

総平均法による原価法を採用しております。

(2) デリバティブ等の評価基準及び評価方法 ・・・・・・・・・・・・・・・・・・・・・・・・・・・・・・・・

時価法を採用しております。

2. 固定資産の減価償却の方法 ・・・

(1) 有形固定資産（リース資産を除く）

定率法を採用しております。

ただし，1998年4月1日以降取得の建物（建物付属設備を除く）並びに2016年4月1日以降に取得した建物付属設備及び構築物については，定額法を採用しております。

なお，主な耐用年数は次のとおりであります。

建物	8年～34年
構築物	10年～20年
機械及び装置	8年～12年
車両運搬具	4年～6年
工具，器具及び備品	5年～10年

また，事業用借地権設定契約に基づく借地権上の建物については借地契約期間を耐用年数とし，残存価額を零とする定額法によっております。

なお，上記に係る耐用年数は主に20年であります。

(2) 無形固定資産（リース資産を除く）・・

定額法を採用しております。

なお，自社利用のソフトウエアについては，社内における利用可能期間（5年）に基づく定額法によっております。

(3) リース資産 ···

リース期間を耐用年数とし，残存価額を零とする定額法を採用しております。

3. 引当金の計上基準 ···

(1) 貸倒引当金 ···

売掛金，貸付金等の債権の貸倒損失に備えるため，一般債権については貸倒実績率により，貸倒懸念債権等の特定の債権については個別に回収可能性を勘案し回収不能見込額を計上しております。

(2) 賞与引当金 ···

従業員の賞与の支給に備えるため，当事業年度末以前1年間の支給実績を基準にして，当事業年度に対応する支給見込額を計上しております。

(3) 株主優待費用引当金

株主優待券の利用による費用の発生に備えるため，株主優待券の利用実績等を基準として当事業年度末において将来利用されると見込まれる額を計上しております。

(4) 役員退職慰労引当金 ···

役員の退職慰労金の支給に備えるため，当社内規に基づく期末要支給額を計上しております。なお，2004年4月に役員退職慰労金制度を廃止しており，2004年5月以降対応分については引当金計上を行っておりません。

4. 重要な収益及び費用の計上基準 ···

当社の収益は，主として関係会社からの不動産等の賃貸収入及び受取配当金となります。不動産等の賃貸収入においては，主に商業施設の賃貸を行っており，不動産賃貸契約で定められたサービスを提供することが履行義務であり，一定期間にわたり履行義務が充足されることからサービスの提供期間にわたり収益を認識しております。また，受取配当金については，配当金の効力発生日において収益を認識しております。

なお，顧客との契約に係る対価は，履行義務の充足時点から，通常1年以内に支払いを受けており，対価の金額に重要な金融要素は含まれておりません。

5. その他財務諸表作成のための基本となる重要な事項 ··························

　外貨建の資産及び負債の本邦通貨への換算基準外貨建金銭債権債務は，決算日の直物為替相場により円貨に換算し，換算差額は損益として処理しております。

（重要な会計上の見積り）

関係会社株式の評価

（1）　当事業年度の財務諸表に計上した金額 ··································

　　関係会社株式　　　　267,271 百万円

　　関係会社株式評価損　　1,801 百万円

（2）　識別した項目に係る重要な会計上の見積りの内容に関する情報 ··············

　当社は，市場価格のない関係会社株式については，発行会社の財政状態の悪化により実質価額が著しく低下したときには，回復の可能性が合理的に認められる場合を除いて，評価損を計上することとしております。関係会社株式の評価の見積りに用いる実質価額は，発行会社の直近の財務諸表を基礎として算定した1株当たり純資産額に当社の所有株式を乗じた金額で算定しております。

　当該見積りは，関係会社の業績悪化，事業計画や市場環境の変化等により，見積りに変化が生じた場合には，翌事業年度以降の財務諸表において，関係会社株式の評価に影響を及ぼす可能性があります。

（会計方針の変更）

　（収益認識に関する会計基準等の適用）

　「収益認識に関する会計基準」（企業会計基準第29号　2020年3月31日。以下「収益認識会計基準」という。）等を当事業年度の期首から適用し，約束した財又はサービスの支配が顧客に移転した時点で，当該財又はサービスと交換に受け取ると見込まれる金額で収益を認識することとしております。収益認識会計基準等の適用については，収益認識会計基準第84項ただし書きに定める経過的な取扱いに従っておりますが，これによる当事業年度の財務諸表に与える影響はありません。

（時価の算定に関する会計基準等の適用）

「時価の算定に関する会計基準」（企業会計基準第30号　2019年7月4日。以下「時価算定会計基準」という。）等を当事業年度の期首から適用し，時価算定会計基準第19項及び「金融商品に関する会計基準」（企業会計基準第10号　2019年7月4日）第44－2項に定める経過的な取扱いに従って，時価算定会計基準等が定める新たな会計方針を将来にわたって適用することとしております。なお，財務諸表に与える影響はありません。

第2章

流通・小売業界の "今"を知ろう

企業の募集情報は手に入れた。しかし、それだけでは
まだ不十分。企業単位ではなく、業界全体を俯瞰する
視点は、面接などでもよく問われる重要ポイントだ。
この章では直近1年間の流通・小売業界を象徴する重
大ニュースをまとめるとともに、今後の展望について
言及している。また、章末には流通・小売業界におけ
る有名企業（一部抜粋）のリストも記載してあるので、
今後の就職活動の参考にしてほしい。

▶▶毎日のくらしを，より便利に
流通・小売 業界の動向

「流通・小売」とは，メーカーが作った商品を消費者に届けるまでの全般に関わる業種である。百貨店，スーパーマーケット，コンビニエンスストア，ホームセンター，専門店，通信販売など，さまざまな業態がある。

❖ 百貨店の動向

百貨店には，全国展開を行っている三越伊勢丹ホールディングス，J.フロント リテイリング，高島屋，エイチ・ツー・オーリテイリング，そごう・西武といった大手と，特定の地域に展開する地域特化型，東急，小田急，名鉄といった私鉄系の店舗などがある。日本百貨店協会の発表では，2022年の全国百貨店売上高は4兆9812億円と前年比増。インバウンド需要の回復が大きいが，過去の水準には及んでいない。売上内容では，衣料品売上高の苦戦が続く。利益率の高い衣料品の不振は経営上の重荷となるため，立て直しは急務だ。

●撤退，場所貸しが相次ぐ地方，郊外型店舗

業界全体としては，インバウンド需要や富裕層の購買増で売上高を確保していたが，コロナ禍のインバウンド需要が消滅したことにより地方店舗や郊外型店舗は厳しい状況に直面。閉店，撤退が相次いだ。日本百貨店協会の加盟店舗数は2022年時点で185店舗，ピーク時の1999年の311店舗から100店舗以上も減っている。2010年以降に閉店した店舗のうち，都心，大都市の店舗は，阪急四条河原町店，西武有楽町店，JR大阪三越伊勢丹，名古屋栄の丸栄で，それ以外は地方店，郊外店が占めている。ここ数年の間でも，東日本では，2016年に西武春日部店，そごう柏店，西武春日部店。2017年には西武筑波店，千葉三越，多摩センター三越。2018年は，西武小田原店，西武船橋店，伊勢丹松戸店，山形の十字屋山形店が閉店し，2019

年にも伊勢丹相模原店，伊勢丹府中店，岐阜のヤナゲンが閉店した。2020年に入っても山形の大沼，新潟三越と閉店ラッシュは続く。西日本でも，2017年に西武八尾店，堺北花田阪急が，2018年には大丸山科店，ヤマトヤシキ姫路店が閉店した。また，九州の井筒屋も，北九州市内，山口県宇部市の3店舗の閉店を決定している。さらに2022年10月には小田急百貨店の新宿本館が営業を終了。2023年1月には東急百貨店本店も閉店した。セブン＆アイ・ホールディングスも傘下のそごう・西武を売却する方針を掲げている。

　地方，郊外型店舗はネット通販の伸長，ショッピングモールやアウトレットモールなど大型ショッピングセンターの進出もあって事業環境が厳しくなっている。とくに2014年の消費税引き上げによる売上低下以降，回復できない店舗が多い。あわせて，2013年に施行された「改正耐震改修促進法」により，大規模建造物への耐震診断結果と耐震化計画の公表が義務づけられた。地方の店舗は高度経済成長期に建てられた物件も多く，信用上，公表しないわけにはいかないが，実際に改修を実施する経済的負担も大きい。

●新型コロナによる大打撃をどう乗り越えるか

　新型コロナウイルスの影響を最も受けた業種のひとつが百貨店だ。20年4月以降の長期休業にとり，市場は月次ベースでは統計開始以来，過去最大の減少率を更新。全体の売上高の3割を占める衣料品や，高額品の宝飾品などは特に厳しく，免税売上高は回復の見通しすら立たない状況となった。

　近年，百貨店の売上に貢献してきたインバウンドだが，渡航制限により需要が消滅。2019年の訪日外国人の旅行消費額は，4.8兆億円で，客単価は15万8000円と若干の前年割れとなった（観光庁調べ）が，それらすべてを失った形だ。2022年後半からは復活の兆しが見え始め，中国人観光客が戻ればさらに回復が見込める。

　ニトリやユニクロ，東急ハンズなど大型テナントの誘致を積極的に行ってきた高島屋は，2017年4月，新宿タカシマヤ内に空港型市中免税店をオープンした。出店にあたり，高島屋は当初の計画から大きな軌道修正を行い，高級ブランドの出店を限りなく抑え，化粧品の売り場を主力に据えた。ニーズの変化に合わせた素早い対応が功を奏し，同店の2017年度決算は前年比2.1％増の2741億円と売上を伸ばしている。また，大丸松坂屋百貨店における2017年度の免税売上高は479億円で，爆買いといわれた2015年度の1.4倍と成長している。とくにインバウンドが急増している関西の大丸心斎橋

店は，化粧品を複数箇所で展開したり，インバウンドに向けたSNSでの販促，モバイルでの決済を拡大させるなど，売上を前年比13％増と伸ばした。

　厳しい状況が続くなか，工夫で実績を伸ばしている店舗もある。大阪の阪急うめだ本店の婦人服売り場は，2016年3月にフロアを改装し，婦人モードゾーンとして，デザイナーブランドからガールズブランド，ジュエリー，雑貨，化粧品などが混在する構成とした。これが顧客の買い回りを促進させ，2018年3月期には，前年比16％増の売上となった。従来の年齢別ではなくライフスタイルに合わせた売り場構成や，ブランドの垣根をなくした売り場を拡大したことが，新規客獲得や客層の広がりにつながっている。

❖ スーパーマーケットの動向

　日本チェーンストア協会の発表では，2022年のスーパーマーケットの総販売額は13兆2727億円とほぼ横ばい。食品の値上げで単価が上昇したものの，客数はコロナ特需の反動による苦戦を強いられた。スーパーマーケットといえば，これまでは食品から衣料品，家具・家電まで扱う総合スーパー（GMS）が主流だった。しかし近年は，ユニクロやニトリなどの衣料，家具・雑貨専門店，家電量販店の台頭によって総合の強みが薄れ，GMSの低迷が続いている。

　業界首位のイオンは，不採算店を閉めずに改革する方針を打ち出した。既存のGMSをファミリー向けの「イオンスタイルストア」や，食にこだわる「イオンフードスタイルストア」など，より専門性の高い店舗に転換する。さらに商品の仕入れ権限を，本部主導の「中央集権型」から，店舗側で多く決定できる「分権型」に移し，コンビニやドラッグストアの画一的な品ぞろえとの差別化を図っている。一方，業界2位のセブン＆アイ・ホールディングスは，傘下のイトーヨーカ堂が2020年2月期までに，全店舗の2割に当たる40店を閉鎖する方針を発表した。

　GMSの衰退と入れ替わるように，近年は食品スーパーの台頭が目立つ。地域密着型スーパーとして，特定の地域に集中して出店する「ドミナント戦略」を進めている。GMSであったダイエーも，食品事業に集中したスーパーへの転向を発表した。ただし，人口減少に伴う市場規模の縮小，人件費上昇によるコストアップ，コンビニエンスストア（CVS）やドラッグストアなど他業種による食品販売の強化など，食品スーパーが抱える問題も多い。

●食品の売上増を目指し，高価格帯PB商品と生鮮食品の宅配を強化

　少子高齢化，単身世帯や共働きの増加を背景に，惣菜を買って自宅で食べる「中食」が増えている。日本惣菜協会によると，2019年の惣菜市場は前年比0.7％増の10兆3200億円で，10年連続で伸長している。販売業態別に2008年と2018年の，売上に占める各業態の割合をみると，CVSが25.5％→32.3％，食品スーパーが23.6％→26.2％，GMSは11.1％→9.2％となっており，CVSが大きく伸びている反面，食品スーパーは若干伸びてはいるものの，GMSはシェアを落としている。

　CVSなどの成長を背景に，スーパー各社は，店内調理による「できたて」や「手作り感」をアピールしたり，独自性があり高価格なプライベートブランド（PB）食品を開発して，売上増を目指している。PB商品としては，イオンは，既存のトップバリュシリーズに有機・オーガニック食品や添加物不使用の「グリーンアイ」ブランドを追加した。有機認証を受けた商品「オーガニック」，化学合成された薬品や飼料の使用を抑えた商品「ナチュラル」，添加物や原料に配慮した「フリーフロム」をそろえている。西友は従来のカカクヤス戦略とは一線を画す「みなさまのお墨付き」ブランドを，ヤオコーは低価格帯の「スターセレクト」（ライフと共同開発）に加え「プレミアム」シリーズを展開。ライフコーポレーションも低価格帯の「スマイルライフ」「スターセレクト」に加え，「ライフプレミアム」「ライフナチュラル」を追加展開している。

　また，ネットスーパーへの取り組みも加速している。イトーヨーカ堂やイオンはそれぞれネットスーパーを展開しているが，セブン＆アイは，2015年11月，リアル店舗とネット通販の融合を目指すオムニチャネル戦略の一環として「オムニ7」を開設。サイトで受けた注文は，全国19000店舗以上あるセブンイレブンの実店舗で受け取ることも可能となっている。さらに，2017年11月からは，アスクルと共同で生鮮食品の宅配サービス「IYフレッシュ」を都内の一部で開始した。生鮮食品に関しては，通販大手の米アマゾンも2017年4月より，首都圏の一部で生鮮品の宅配「アマゾンフレッシュ」を開始しており，生鮮食品の通販競争も激化している。

❖ コンビニエンスストアの動向

　コンビニ市場の拡大はすでに飽和状態だ。2022年の店舗数は前年より微

増の5.5万店舗で頭打ち。近年は，客数の減少を購買客単価の上昇で補っており，2022年の売上高は前年比3.7％増の11兆1775億円である（日本フランチャイズチェーン協会調べ）。世帯の高齢化や単身赴任，共働き世帯の増加，外食から中食への流れなど，顧客ニーズの変化もあり，店内調理品といったカウンター商材や弁当，総菜，麺類，調理パン，デザート，冷凍食品が好調に動いている。

　業界内ではセブンイレブン，ファミリーマート，ローソン，大手3社の寡占化が進んでおり，この3社で売上全体の約9割を占める。業界トップのセブンイレブンは，セブン＆アイグループ共通のプライベートブランド(PB)「セブンプレミアム」の販売や，2013年にいち早くスタートした「セブンカフェ」の淹れたてコーヒーなど，顧客を飽きさせない商品力で，好調を維持している。2019年には沖縄出店を果たし，5年で約250店を目指している。沖縄進出によって，セブンイレブンは全都道府県に店舗網が広がることになる。

　ファミリーマートは，2016年9月にサークルKサンクスを傘下に持つユニーグループ・ホールディングスとの経営統合を完了した。これにより，ファミリーマートが店舗数でローソンを上回り，セブンイレブンに次ぐ，第2位に浮上した。ただ，ファミリーマートは店舗数の拡大よりも，グループコンビニのブランド転換を優先する考え。これまでも，ドラッグストアやカラオケボックスが一体になった店舗をオープンするなど，独自路線を歩んできた。2017年11月にはコインランドリーやフィットネスジムとの一体型店舗を発表し，異業種への参入を加速させている。また，2018年には伊藤忠商事がユニー・ファミリーマートホールディングスを子会社化。2020年11月にはファミリーマートは上場廃止した。

　ローソンは巻き返しを図る。2014年にはポプラと，続いて2016年4月にはスリーエフと資本業務提携を結んだ。2017年2月には，三菱商事のTOB（株式公開買い付け）によって完全子会社となり，商品開発力とともに収益力も高めていく。海外展開にも積極的で，三菱商事の知見を生かし，アジアを中心に現在3621店を出店している。

❖ 通販の動向

　日本通信販売協会によれば，カタログやテレビ通販などの2021年度売上

高は前年度比7.8％増の11兆4,600億円となった。1998年以降，23年連続して増加している。通販市場の傾向として，モール系が堅調であること，商材では家電系や家具，食品系など，在宅時間を充実させるアイテムが好調の要因とみられる。また，インターネットの普及により，消費者向けEC（電子商取引）も急拡大している。経済産業省の調査によれば，2021年度の消費者向けECの市場規模は約20兆円と，ここ5年間で倍増した。市場を牽引してきたのは，楽天とアマゾン，ヤフーである。楽天は企業や個人の出品者に売り場を提供する「モール型」，アマゾンは自社で商品を仕入れる「直販型」が主流だったが，近年はアマゾンも「モール型」のビジネスを取り入れている。業界3番手のヤフーは，オフィス用品通販のアスクルや宿泊・飲食予約の一休を子会社化した。

●各社ネット販売へ注力するが，市場の急成長で物流に課題も

　EC市場の拡大を踏まえ，カタログ中心のビジネスを展開していた総合通販大手も，ネットへの切り替え，拡充を急ピッチで進めている。千趣会は，主力のベルメゾン事業において2000年にECサイト「ベルメゾンネット」の運営を開始するなど，早い時点からネットでの販売を始めていた。当初はカタログの補完，注文のためのツールだったが，2009年には売上のほぼ半数をECが占めたことから，媒体費用削減のためカタログ配布の効率化にも着手。組織体制も見直し，EC事業への最適化を進めてきた。2016年前期にはネット受注件数の比率が80％を超えたことから，減収を覚悟で過去最大のカタログ部数削減を実施している。カタログは，ニーズを絞り込んだスペシャリティの高い媒体に限定することで，レスポンス率を高める方針を取っている。

　一方，中高年女性を主要顧客に持つベルーナは，顧客の特性からECへの対応が遅れたこともあり，通販売上高の78％をカタログが占めるが，他社の撤退で空いたマーケットの獲得に成功しており，売上を伸ばしている。出遅れたECでも，低価格帯商品やリピート率の高い日用品などを充実させたことで売上は伸びている。また，カタログ通販以外にも，化粧品や健康食品の専門通販やファイナンス事業も手掛け，台湾を中心に海外展開も進めている。同社の2022年3の売上は2123億円となっている。

　EC市場への適応を進めている通販企業全体の課題は，物流といえる。市場の急成長で宅配会社の人手不足や労働環境の悪化が深刻になっている。大手のヤマト運輸を中心に，送料値上げや配達時間の見直しなどの対策を

打ち出す一方で，大手通販は独自の配送網構築を模索中だ。

❖ 専門店（家具）の動向

　家具・生活雑貨市場ではニトリの一強状態になっている。ニトリは，製造から販売まで一貫して手掛けるSPA事業で低価格を実現し，顧客の支持を得た。2022年度の売上高は9480億円で，37期連続の増収増益を達成している。新宿や銀座など都市部への出店を強化する一方，2017年4月には約230億円を投じて，中古住宅販売大手カチタスと資本業務提携を発表した。カチタスが手掛けるリフォーム済みの中古住宅をニトリの家具でコーディネートして販売するなど，連携を進めていく。

　2006年に日本に進出して以降，現在までに12店舗を展開しているイケアは2021年は954億円と前年比微増の売上だった。少数店舗ながら，ネット販売に活路を見出している。2017年，アップルと共同で開発したAR（拡張現実）を活用したアプリ「IKEA Place」を発表した。AR技術で自宅のスペースに家具を置いたらどのように見えるか確認できるもので，イケアは今後も，ECの規模拡大とあわせ，このデジタル戦略を進めていく。加えて若い世代の都市型回帰にあわせて，2020年に同社初の都市型店舗を原宿駅前に開業した。

　経営方針を巡り，2015年に創業者の父と現社長の娘が対立して「お家騒動」に発展した大塚家具は，不振から抜け出すきっかけを見出せずにいる。結局，業績を回復するまでには至らずに久美子社長は20年12月1日付で取締役を辞任すると発表。後任は現会長で親会社・ヤマダHDの三嶋恒夫社長が兼務する。2021年8月にはヤマダHDの完全子会社になることに伴い上場を廃止し，2022年5月に吸収合併され企業としての大塚家具は消滅した。

流通・小売業界

直近の業界各社の関連ニュースを
ななめ読みしておこう。

日系百貨店、東南アジア再挑戦　「マレーシア西武」開業

そごう・西武は29日、マレーシアで初の「西武百貨店」を開業した。高級ブランドや日本産食品を取りそろえ高所得者層の消費を狙う。自社では直接運営せず、現地企業に商標を貸しライセンス収入で稼ぐ。東南アジアでは近年、日系百貨店の撤退が相次いだが再挑戦が広がっている。

首都クアラルンプールで「マレーシア西武」を開業した。同国政府が国際金融地区として開発中の「トゥン・ラザク・エクスチェンジ（TRX）」にある複合施設内の4フロア（面積約2万3000平方メートル）に入居した。

海外の西武百貨店は2022年にインドネシア2号店を開業して以来、3店目となる。インドネシアの2店舗より規模が大きく、高級品を充実させたのが特徴だ。服飾や時計など約700の高級ブランドに加え、プラモデル専門店などサブカルチャーのテナントも入る。すしや和牛など日本食にこだわった「デパ地下」も備える。

狙いは現地の高所得者や外資系企業の駐在員だ。オープンと同時に入店した20代女性は「職場が近いので見に来た。西武の名称は初めて聞いたが、化粧品売り場が広くていい」と語った。

地場小売企業が店舗運営を担い、そごう・西武は商標を貸すライセンス契約を結んだ。そごう・西武から社員2人が出向し、接客や営業のノウハウを共有するほか、テナント誘致にも協力する。

そごう・西武は店舗の売上高に応じたライセンス収入を得る。自社で店舗の賃料や人件費を負担せずにすみ、低リスクで海外市場を開拓できる。

マレーシアには「そごう」の既存店が3店舗ある。旧そごうグループの経営破綻を受けて02年に、今回と同じ地場企業に事業を譲渡し、ライセンス契約に切り替えた。

こうしたライセンス供与型の海外店は4カ国・地域に31店ある。既存店は日

用品の取り扱いが多い「そごう」が中心だが、今後は高級志向の「西武」の出店も増やす方針だ。そごう・西武の堤真理常務執行役員は「そごうは日常的に使う地元店の印象が強い。西武は高級百貨店として差別化する」と語る。

特に東南アジアに重点を置く。中華圏は高級店の競争が激しく、今後の成長が期待できる東南アジアを攻める。

そごう・西武は06年にセブン＆アイ・ホールディングス（HD）の傘下に入った後も、23年2月期まで4期連続の最終赤字に陥った。今年9月に米投資ファンドのフォートレス・インベストメント・グループに売却され、再建を急いでいる。

投資体力が限られるそごう・西武にとってライセンス供与型の海外事業は効率よく稼ぐ手段となる。堤常務は「今後も海外事業を拡大する方針は変わらない」と話す。

ただ、海外も競争は激しい。クアラルンプールでは西武から徒歩圏に地場企業運営の「パビリオン」など高級品に強い商業施設が立地する。22年には三井不動産が「ららぽーと」を開業した。

日系百貨店はかつて競って海外進出したが、現地の競争激化や景気悪化で撤退が相次いだ。最近では22年に三越伊勢丹ホールディングス（HD）がシンガポールとマレーシアの各1店を閉鎖。東急百貨店も21年に最後の海外店だったタイ・バンコクから撤退した。

だが、国内市場は先細りが予想されるため、海外進出は避けて通れない。近年は小売りと不動産事業を組み合わせて再挑戦する動きが目立つ。

三越伊勢丹HDは野村不動産、フィリピン不動産会社フェデラルランドと組んで同国に進出。首都マニラで7月に商業施設と高層マンションが直結する「MITSUKOSHI BGC（三越BGC）」を全面開業した。商業施設のテナント賃料に加え、マンション販売の出資比率分を得る。

三越伊勢丹HDの牧野欣功最高財務責任者（CFO）は「百貨店だけで海外展開するのはリスクがある。不動産は現地の経済成長に伴いリターンが増える」と説明する。

高島屋グループも25年以降にベトナムで新しい商業施設を開き、27年以降にはオフィスや住宅を併設した大規模複合施設に拡張する計画が進む。

（2023年11月29日　日本経済新聞）

出版流通新会社、返品抑制へ始動　直接仕入れ促す

紀伊国屋書店、「蔦屋書店」などを手がけるカルチュア・コンビニエンス・クラブ（CCC）、出版取次大手の日本出版販売（日販）が共同出資する出版流通の新会社、ブックセラーズ＆カンパニー（東京・新宿）が10月に始動した。書店が出版社から直接仕入れる仕組みを整える。書店の数が減り、経営環境も厳しいなか、連携を通じ書店の経営効率の改善につなげる。

「物流の経費が上昇し、2024年問題も控えている今は、物流の合理化に向けた最後のチャンスだ」。新会社の高井昌史会長（紀伊国屋書店会長兼社長）は、2日に開いた新会社の方針説明会で、約300人の出版社関係者を前にこう力を込めた。

出版業界では書店で売れ残った本を返品できる委託販売制度がとられている。返品率は30％を超えるとされ、書店の粗利率は元々低かった。近年は電子書籍の普及や物流費の高騰が追い打ちをかけ、出版流通量の減少、書店のさらなる経営圧迫が懸念されていた。

こうした業界の課題にメスを入れようと新会社が立ち上がった。ロングセラーなどの一部書籍は全て書店が買い切ったり、返品率を従来より抑えられたりする契約を提案し、書店と出版社が直接取引する。出版社は返品を減らせれば、在庫を抱えるリスクを抑制できる。新会社は出版社のリスクを減らす代わりに、仕入れ値を安くしてもらうことで粗利率を高める。

無駄な送品や返品を減らす上では、市場の需要に応じた仕入れも重要になる。ブックセラーズ＆カンパニーは、3社の販売データのほか、人工知能（AI）を活用することで需要予測の精度を高める。

同社の資本金は5000万円で、出資比率は紀伊国屋書店が40％、CCCが30％、日販が30％だ。3社が展開する書店の数は全国で合計約1000店に上る。ブックセラーズ＆カンパニーは、これまで2割半だった粗利率を、26年度に3割にすることを目指す。

ただ、新会社のビジネスモデルに、出版社が賛同するかは現時点では不透明だ。書店の仕入れが適正化されることで、納品する書籍数は減少しないのか。出版社が危惧する可能性があるからだ。

新会社の宮城剛高社長（紀伊国屋書店経営戦略室長）は「出版社がそうした懸念を抱く可能性はある」としつつ「取次を介在せずに書店とやり取りできるのは、出版社にとってもメリットだ」と強調する。

これまで出版社のなかには「(取次がネックになって)希望する部数を書店に届けられないといった悩みを抱えている会社もあった」(宮城氏)。ブックセラーズ＆カンパニーは書店と出版社が直取引することで、そうした機会損失を防ぎたい考え。宮城氏は「必要な在庫をきちんと棚に展開できれば、従来機会ロスとなっていた売り損じを防いで、売り上げを伸ばす余地がある」と意気込む。

出版文化産業振興財団の調査によると、22年9月時点で全国の26％にあたる市町村で書店が1店も無い。同様に日本出版インフラセンターによると、国内の書店数はこの10年で約3割減少した。書店主導で出版流通を改革し、書店数の減少に歯止めをかけられるか。ブックセラーズ＆カンパニーは大きな役割を担うことになる。

(2023年11月21日　日本経済新聞)

小売業界に風評対策を要請　経産相、処理水放出で用

西村康稔経済産業相は23日、東京電力福島第1原子力発電所の処理水の放出が24日にも始まるのを前に小売業界団体の幹部と面会した。福島県産の水産物などの風評被害が懸念される中、積極的に販売に取り組むよう求めた。政府の支援策と合わせ、漁業者が事業を継続できる環境を整える。

「これからも変わらず三陸常磐ものの取り扱いをしてもらえるようにお願いする」。都内で開かれた風評対策・流通対策連絡会。西村経産相は小売り関連の6団体の幹部に、処理水の海洋放出後も福島県産などの産品の販売継続を要請した。

日本チェーンストア協会、全国スーパーマーケット協会、日本スーパーマーケット協会、日本ボランタリーチェーン協会、オール日本スーパーマーケット協会、日本百貨店協会幹部が出席した。

西村氏は「消費者の不安などの声も届くと思うので課題があれば言ってほしい」と連携を呼びかけた。チェーンストア協会の三枝富博会長は「小売業界は東日本大震災で被害を受けた地域の生産者を応援したい。放出後も三陸常磐でとれた水産物をこれまで通り取り扱う」と応じた。

業界の要望は消費者が安心して買い物できるように政府が環境整備に努めることだ。具体的には国際機関など第三者による安全性の厳格な確認、処理水が基準を満たしているかの監視結果の迅速な公表、水産物の検査体制──の徹底を求めた。

政府は22日の関係閣僚会議で、気象や海洋の条件が整えば24日に処理水の放出を始めると決めた。東京電力ホールディングス（HD）は同日朝に放出の可否を判断し、問題なければ午後1時にも開始する。

処理水の放出で地元の漁業者らは風評被害で売れ行きが落ち込むのではとの懸念を訴えている。

23日開かれた自民党の水産部会には全国漁業協同組合連合会（全漁連）の坂本雅信会長ら漁業関係者も参加した。処理水の放出に伴う中国や香港の輸入規制を巡り、販路拡大への支援を求める声が上がった。

中国は処理水放出に反発し、日本からの水産物の輸入規制を強めている。足元では日本でとれたホタテなど一部の水産物は人件費の安さからいったん中国にわたって殻をとるといった加工後に米国などに輸出されている。輸出維持のため、加工地を日本に戻す支援が必要との主張も相次いだ。

岸田文雄首相は放出と風評被害に「国が全責任を持つ」と強調する。政府は不安の払拭のため小売事業者に協力を求めたのに加え、首都圏や福島など東北地方でイベントを開いて水産物などの魅力向上にも努める。

23日には復興庁が2024年度の概算要求で水産業などへの支援事業を拡充する方針が明らかになった。処理水の処分に伴う対策として水産物や水産加工品の販売支援事業では41億円、漁業人材の確保では23年度当初予算比で14億円増の21億円をそれぞれ要求する。

（2023年8月23日　日本経済新聞）

レジ袋原料、3年で3割弱減　有料化でエコバッグ定着

レジ袋の有料義務化が始まってまもなく3年。レジ袋の原料などになる高密度ポリエチレン（HDPE）フィルムの国内出荷が低迷している。2022年の国内出荷量はレジ袋の有料義務化前の19年に比べ3割弱減った。エコバッグが浸透し、レジ袋を辞退する人が多い。出荷量の回復は見込みにくくなっている。

日本ポリオレフィンフィルム工業組合（東京・中央）がまとめた22年のHDPEフィルムの出荷量は12万1702トンと、19年に比べ3割弱ほど低い水準だった。

出荷量減少の主因はレジ袋向けだ。HDPEフィルムはレジ袋、ごみ袋、農業用・産業用その他向けの用途で構成される。20年7月にレジ袋の有料義務化が始まって以降、レジ袋向けは大きく落ち込み、22年が3万6079トンと19年比

5割強減だった。出荷量のシェアでみると、29.6%で同16.3ポイント下がっている。

国内のレジ袋流通量は年間10万〜15万トン程度とされ、「安価な海外品も多く流通している」（化学メーカー）。有料化を受けて輸入量も減少しているという。レジ袋単体の輸入量の統計はないが、レジ袋を含めたポリエチレン袋の輸入量は22年に51万7400トンと19年比1割強減った。

ニッセイ基礎研究所（東京・千代田）が22年3月実施した調査によると、日ごろの消費生活におけるサステナビリティー（持続可能性）を意識した行動について突出して多かったのは、「買い物の時にはエコバッグを持参するようにしている」で77.2%だった。外出時のマイボトル持参など他の項目に差をつけた。レジ袋向けHDPEフィルムの出荷量は前年比では上向いており、22年は前年比5.8%増だった。コロナ禍が落ち着き、人流が徐々に戻ってきたことから「新幹線や航空機の利用に伴う駅や空港内の小売りの回復、観光地の小売業の売り上げ増などが寄与したのでは」（日本ポリオレフィンフィルム工業組合）との指摘がある。

日本政府観光局（JNTO）によれば、4月の訪日外国人客はコロナ禍前の19年4月と比べ、7割弱まで回復した。国内でも5月に屋内外のマスク着用が緩和され、経済活動は徐々に正常化に向かっている。23年のレジ袋向けHDPEフィルムの出荷量が22年を上回る可能性はある。

ただ、「日常の買い物で1枚3〜5円でも払うのをためらう」（60代主婦）との声は多い。業界では「出荷量が20年より前の水準に回復することはないだろう」（化学メーカー）との見方が広がっている。

（2023年6月13日　日本経済新聞）

大手スーパー4社、物流連携を検討　施設の共用視野

ライフコーポレーションなど首都圏の大手スーパー4社は16日、店舗への効率的な食品配送を協議する研究会を立ち上げた。各社で異なる商慣習の足並みをそろえることで、物流施設の共同利用も視野に入れる。商慣習を見直すことで、人手不足や食品廃棄などの社会問題の解決に取り組む。大手スーパーによる商慣習の見直しは、ほかの小売企業にも影響を与えそうだ。

ライフとヤオコー、サミット、マルエツの4社は同日、首都圏での食品配送について協議する研究会を立ち上げた。まずは各社で異なる食品の配送や発注に

関する商慣習の足並みをそろえることを検討する。定期的に議論を重ね、物流施設の共同利用なども視野に入れている。

経済産業省によると21年度の小売業の売上高営業利益率は2%。全体の3.7%や製造業の5.2%より低い。ある卸売業幹部は「食品は工業製品などと比べて単価が低いため、物流を効率化するための投資が後回しにされがちだ」と指摘する。小売業の物流網では大量の店舗をきめ細かく回る必要もあり、効率化が難しかった。

ライフの岩崎高治社長は同日の会見で「簡単ではないが挑戦できるように踏み出した」と語った。これまでスーパーの足並みがそろわず効率化が手つかずだった商慣習の見直しに動くことで、食品ロスなど社会課題の解決にも取り組む。

例えば賞味期限が180日以上ある加工食品は、製造日から賞味期限までの期間が半分に達するまでは受け入れる「2分の1ルール」に統一する。従来はメーカーが製造日から賞味期限までの最初の3分の1の期日までに小売店に納品する「3分の1ルール」が適用されていた。ライフとヤオコーは先行してルールを「2分の1」にしており、マルエツが3月、サミットが4月から対応する。

納品期限のルールは、鮮度を重視する需要に応じて1990年代に広がったという。期限が過ぎた商品は売り場に並ばず廃棄されることが多い。近年は食品ロスを減らすため3分の1から2分の1に延ばす企業が出てきたが、各社のルールがそろわずメーカーや卸の業務負担が増していた。ルールを改めると賞味期限が12カ月の食品なら、納品期限が4カ月から6カ月と1.5倍延びる。

スーパーでは、メーカーとの商品受発注の間に卸が入る。従来は小売りが発注するより前に、欠品を防ぎたい卸が需要を予測してメーカーに発注する慣習がある。今後は、小売りが午前中に発注した内容について、卸が午後にメーカーに発注する体制に改める。無駄な在庫が増えるうえ、近年は運転手不足でトラックも手配しづらく、発注の流れを改善する。

トラック運転手らの残業規制が厳しくなる「2024年問題」も目前に迫っている。スーパーなど小売企業にとって課題を解決する必要性に迫られている。

コンビニエンスストア業界でもセブン—イレブン・ジャパンが、関東地方の店で発注してから納品までの間隔を延ばすどしてドライバー不足に備えている。ファミリーマートも商品を効率的に配送できるルートを作成する独自の人工知能（AI）システムを全国で導入。コストを年10億円以上減らせるとみている。

（2023年3月16日　日本経済新聞）

物流会社が教習所や冷蔵車　2024年問題にらみ多角化

時間外の労働時間に上限規制が課される「2024年問題」を乗り切るために、物流各社で他業種を傘下に収めて事業を強化・多角化する動きが出てきた。自動車学校の買収や専門性の高い車両の製造事業への進出、給油所や自動車整備工場の内製化などだ。生き残りをかけて、人手不足やコスト増など根強い問題の解決に動く。

「将来的にはトラックのドライバーを年間100人ほど輩出したい」。食品物流などを手掛けるアサヒロジスティクス（さいたま市）の横塚元樹社長は、敷地面積約1万7千平方メートルの川越自動車学校（埼玉県川越市）をぐるりと見渡した。業界でも珍しい、物流企業が運営する自動車学校だ。

同社は22年10月、東武東上線川越市駅から徒歩15分ほどの距離にある同校を買収した。17年には免許を取得した社員を対象にトラックの運転技術を学ぶ研修施設「滑川福田センター」（埼玉県滑川町）を開設しており、免許取得から育成まで一気通貫でできる体制を整えた。

「社員にトラック免許を取らせたくても、教習所で講習を受けにくくなる時代がくる」。横塚社長は買収の狙いをそう話す。背景には国内における教習所の減少がある。

自動車教習所で組織する全日本指定自動車教習所協会連合会（全指連）によると、全指連会員の教習所数は1240カ所（22年12月末現在）と21年から6カ所減った。ピーク時の1991年（1477カ所）から約16％の減少だ。

教習所業界でも人手不足は深刻だ。横塚社長は「2033年には15年比で指導員の数が34％減るという試算もある」としたうえで、「新卒ドライバーがなかなか免許を取れず、稼げない時期が長くなる恐れもある」とみる。

川越自動車学校で保有するトラックは中型3台、準中型1台などだ。今後は台数を倍増させるほか、指導員も約20人から最大40人にまで増やす計画だ。

横塚社長は「業界内でドライバーを奪い合っても問題解決にはならない。重要なのは新規ドライバーの確保だ」と話す。川越自動車学校では普通免許の取得を希望する一般向けの営業も続けるが、トラックの講習体制を強化して「ドライバー不足に悩む他社にもこの学校を活用してほしい」（横塚社長）。

「24年以降は従来の運送事業だけでは生き残れない。その会社だけの特色が必要だ」。冷凍・冷蔵食品などの輸送を手掛けるサンワネッツ（静岡県袋井市）の水谷欣志社長は展望をそう語る。水谷社長が選んだ「特色」が軽冷凍・冷蔵

車の製造事業だ。

22年11月にサンワネッツ傘下のヘイワオートサービス（浜松市）を訪れると、冷凍・冷蔵対応の2トントラックが5台ほど持ち込まれ、作業員が整備に汗を流していた。

ヘイワオートサービスは21年11月、軽冷凍・冷蔵車の製造を手掛ける不二商を買収した。ヘイワオートサービスは冷凍・冷蔵対応の2トントラックの修理・販売などを手掛けており、「軽乗用車タイプの製造はニッチな市場で大手も手が届かない分野」（水谷社長）と商機を見込む。

不二商はコンテナ内部を空調機器で冷やし、チルド帯（マイナス5度まで）と冷凍帯（同20度まで）の温度で貨物を輸送できる軽自動車を製造する。着目したのが拡大するネットスーパー市場だ。

富士経済によると、新型コロナ禍の巣ごもり需要で21年のネットスーパー市場は20年比15.4％増の2470億円だった。注文のための専用アプリの登場などユーザーの利便性が向上したほか、大手流通企業だけではなく地域のスーパーも参入しており、22年も21年比12.1％増の2770億円を見込んでいる。「特に首都圏の需要が伸びるとみている。宅配を手掛ける個人事業主や冷蔵・冷凍品専門の事業者に売り込んでいく」（水谷社長）。冷蔵・冷凍車はエンジンのエネルギーでコンテナ内部の空調機器を稼働させるのが一般的だが、燃費が悪いという難点がある。不二商は車両のバッテリーにためた電気を活用することで、この課題を解決した。

チルド帯対応車は240万円、冷凍帯対応車は260万円とそれぞれ通常の車両よりも10万円ほど割高だが、「燃費のよさでカバーできる。自社の冷蔵・冷凍品輸送でも活用を検討している」（水谷社長）。年間の販売台数100台、売上高2億5000万円を目指す考えだ。

（2023年1月12日　日本経済新聞）

▶ 労働環境

職種：店舗スタッフ関連職　　年齢・性別：20代後半・女性

・優しい方が多く，仕事上でもプライベートでも皆仲が良いです。
・失敗したり他部署と衝突しても，上司がフォローしてくれます。
・部下をきちんと育てようとしてくれているのが伝わってきます。
・長く働き続けるのに最適な会社だと思います。

職種：販促企画・営業企画　　年齢・性別：30代後半・男性

・社員教育はとても素晴らしいものがあります。
・大企業にも関わらず，個人の希望職種等も細かく反映してくれます。
・総合職は転勤が多く大変ですが，キャリア形成時期には必要かと。
・手当なども良く考えられており，良い環境が揃っていると思います。

職種：経理　　年齢・性別：30代後半・男性

・人事教育制度がしっかりしている点が良いと思います。
・店舗勤務の方も，人事研修を受けることで違う道が広がります。
・自分で道を切り開く意欲のある方には活躍できる場が多いです。
・人事評価と筆記試験をクリアすれば，翌年昇格となります。

職種：人材関連職　　年齢・性別：20代後半・男性

・仕事自体は，接客などが好きな人は楽しめると思います。
・キャリアアップも本人のやる気次第でどんどんできます。
・モチベーションを保つのはさほど難しくはないと思います。
・上司とうまくいかないなど歯車が狂うと，途端に辛くなることも。

▶ 福利厚生

職種：営業マネージャー・管理職　　年齢・性別：20代後半・男性

・社宅制度や賞与，退職金など他社に比べて充実していると思います。
・全国転勤はありますが，引っ越しが苦でなければ楽しめます。
・店舗により，若干人間関係に良し悪しがあるようです。
・長期休暇もあって，自分の仕事の調整次第でしっかり取れます。

職種：販売スタッフ　　年齢・性別：20代後半・男性

・福利厚生も充実していて，勤務環境にはとても満足しています。
・育児休暇もきちんと取れますし，長く働ける会社だと思います。
・店舗の場合，店長によって労働環境が変わってくるかと思います。
・いかに店長や周りのスタッフと良い関係を構築できるかがポイント。

職種：物流サービス　　年齢・性別：20代前半・男性

・シフト制のため，土日休みではありませんが，週休2日です。
・GWやお盆，年末といった世間が休みの時期に休暇は取れません。
・年に2回，有休を消化するためのリフレッシュ休暇制度があります。
・半年に1回，10連休がもらえるのは嬉しいです。

職種：個人営業　　年齢・性別：20代後半・女性

・福利厚生が充実しており，安心して働き続けることができます。
・育児休暇も取りやすく，非正規社員を含め女性は働きやすいです。
・自分次第ではありますがワークライフバランスも取りやすいです。
・会社の成長が感じられるため，働きがいはあると思います。

▶仕事のやりがい

職種：販売スタッフ　　年齢・性別：20代後半・女性

・入社2年目から，店舗スタッフの採用から教育まで担当できます。
・店舗のスケジューリングやマネジメントにやりがいを感じます。
・自分の提案で変更した売り場から利益が生まれた時は嬉しいです。
・評価で賞与の額が変わるので，モチベーションアップに繋がります。

職業：代理店営業　　年齢・性別：20代後半・男性

・お客様との打合せを重ね，プロジェクトが進んでいると思えた時。
・調整がなかなか進まず，何も決まらない時はしんどく感じます。
・自分の知識がそのまま提案に結び付く事が多くやりがいがあります。
・提案できる知識を増やすため，勉強のモチベーションも保てます。

職種：販売・接客・ホールサービス　　年齢・性別：20代後半・男性

・この仕事はお客様と接し，目の前で成果を感じられることが魅力。
・商品の入れ替えで，目の前で売り上げが変わることもあります。
・少し気の利いたセールストークをすることで商品が売れることも。
・自分の力量が売上に反映するため，とてもやりがいがあります。

職種：小売・ファッション関連職　　年齢・性別：30代後半・女性

・その店の印象を決める売り場の管理は，とてもやりがいがあります。
・異動が多いため，入社半年で転勤し，主任業務を任されることも。
・早期に自立を求められ向上心のある人にはチャンスが多い会社です。
・セミナーや資格取得の制度も整っていてスキルアップに役立ちます。

▶ ブラック？ホワイト？

職種：店長　　年齢・性別：30代前半・男性

- 福利厚生はあまり充実していませんが，残業は少ないです。
- 有給休暇は取得時期が自由に選べず，盆暮れはほぼ休めません。
- パートのシフトが優先になるため，休日は単休で不定期です。
- しばしば発生するクレーム対応で仕事が進まず非常に疲れます。

職種：ショップスタッフ　　年齢・性別：20代前半・女性

- 売場ではとにかく女性が強く，逆に男性社員は優しい方が多いです。
- 取引先の販売員や営業を呼んで大規模な宴会が催されることも。
- 宴会では男女関わらず，漫才やダンスなど宴会芸が必須となります。
- 芸が面白くないと「お客様に満足を提供できるのか」と怒られます。

職種：販売スタッフ　　年齢・性別：20代後半・女性

- 社内結婚をした場合，一緒に生活ができないケースが大半です。
- たとえ転居や配属先の希望を申請していても，まず通りません。
- 先輩社員で結婚後も関西と関東の遠距離生活というケースも。
- 女性の離職率の高さが問題視されており，今後の改善に期待です。

職種：店長　　年齢・性別：20代後半・男性

- 私のいる部署では，ほぼ毎日2，3時間の残業が発生しています。
- 残業時間の制限があり，会社はサービス残業禁止としていますが，現場はそうもいかず，サービス残業になることもしばしば。
- 遅番を担当していると家に帰れなくなることもあります。

▶ 女性の働きやすさ

職種：マーケティング　　年齢・性別：30代前半・女性

・管理職としてバリバリ活躍されている女性社員も多くいます。
・「女性としての良さ」を発揮しながら，管理職を目指せる職場です。
・女性管理職の多くが家庭を持ち，子育てをしながら働いています。
・家庭も仕事もという欲張りな方にとって魅力的な職場だと思います。

職種：ショップスタッフ　　年齢・性別：30代前半・男性

・男女共に管理職を目指す環境や制度は整っていると感じます。
・全国に出張なども多いため，フレキシブルに動ける必要はあります。
・成果に対しては，正当評価をしてもらえていると感じます。
・自ら考えて行動できる人は，男女関係なく上を目指せると思います。

職種：インストラクター　　年齢・性別：20代後半・女性

・女性の管理職を増やす計画があり，昇進する女性が増えています。
・産休育休は取れますが，転勤ができないとキャリアは望めません。
・キャリア思考の女性は独身が多く，本当の意味で制度は未整備かと。
・ほどほどに働こうという女性には魅力的な職場だと思います。

職種：経理　　年齢・性別：30代後半・男性

・2017年度までに女性管理職比率を半数にまで引き上げるようで，
　グループ会社も含め女性が多いので，とても良い施策だと思います。
・育児中の女性も，短時間勤務制度を活用して意欲的に働いています。
・短時間勤務制度の利用が，人事面で不利になることはないようです。

▶ 今後の展望

職種：個人営業　　年齢・性別：20代後半・男性

- ・お客様のニーズに対し素早く対応するSPAモデルを持っています。
- ・製造から販売まで一貫して行うことで，ニーズを生産に活かせます。
- ・日本国内においては勝ち組ですが，世界規模ではまだまだです。
- ・アメリカや欧州への事業展開に力を入れています。

職種：販売スタッフ　　年齢・性別：20代後半・男性

- ・今後は，今までのように右肩上がりの成長とはいかないでしょう。
- ・地域に定着した企業になっており，安定した売上は維持できるかと。
- ・今後は海外展開が事業発展のカギになることは間違いありません。
- ・現在，米国，欧州，東南アジア圏内へ海外展開を行っています。

職種：新規事業・事業開発　　年齢・性別：20代後半・女性

- ・海外事業の展開において，バラツキが大きいことを感じました。
- ・シンガポールは好調ですが，アジア全体の展開は芳しくありません。
- ・市場動向の把握と戦略に問題があると考えています。
- ・ベトナムに出店も予定されていますが，軌道に乗るか不透明です。

職種：販売・接客・ホールサービス　　年齢・性別：20代後半・女性

- ・ネットと実店舗との融合に今後も力を入れていくようです。
- ・今後は若年層の取り込みと海外展開が事業拡大のカギになるかと。
- ・海外進出については，成長著しいアジア圏に力を入れています。
- ・人材採用の面でも，中国人やベトナム人の採用が増えています。

流通・小売業界　国内企業リスト（一部抜粋）

会社名	本社住所
株式会社ローソン	東京都品川区大崎一丁目 11 番 2 号 ゲートシティ大崎イーストタワー
株式会社サンエー	沖縄県宜野湾市大山 7-2-10
株式会社キリン堂	大阪市淀川区宮原 4 丁目 5 番 36 号 セントラル新大阪ビル 4 階
株式会社ダイユーエイト	福島県福島市太平寺字堰ノ上 58 番地
株式会社カワチ薬品	栃木県小山市卒島 1293
株式会社エービーシー・マート	東京都渋谷区道玄坂一丁目 12 番 1 号 渋谷マークシティ ウエスト 19 階
株式会社 ハードオフコーポレーション	新潟県新発田市新栄町 3 丁目 1 番 13 号
アスクル株式会社	東京都江東区豊洲 3-2-3 豊洲キュービックガーデン
株式会社ゲオホールディングス	愛知県名古屋市中区富士見町 8 番 8 号 OMC ビル
株式会社 アダストリアホールディングス	東京都千代田区丸の内 1-9-2
株式会社 シー・ヴイ・エス・ベイエリア	千葉県千葉市美浜区中瀬 1-7-1 CVS ベイエリアビル（SCEC ビル）26F
株式会社くらコーポレーション	大阪府堺市中区深阪 1035-2
株式会社キャンドゥ	東京都新宿区北新宿 2 丁目 21 番 1 号 新宿フロントタワー 33 階
株式会社パル	大阪府大阪市中央区北浜 3-5-29 日本生命淀屋橋ビル 4F
株式会社エディオン	大阪市北区堂島一丁目 5 番 17 号 堂島グランドビル
株式会社サーラコーポレーション	愛知県豊橋市駅前大通一丁目 55 番地 サーラタワー
株式会社あみやき亭	愛知県春日井市如意申町 5 丁目 12 番地 8
株式会社ひらまつ	東京都渋谷区恵比寿 4-17-3
ゲンキー株式会社	福井県坂井市丸岡町下久米田 38-33
大黒天物産株式会社	岡山県倉敷市堀南 704 番地 5
株式会社ハニーズ	福島県いわき市鹿島町走熊字七本松 27-1
株式会社アルペン	愛知県名古屋市中区丸の内二丁目 9 番 40 号

会社名	本社住所
クオール株式会社	東京都港区虎ノ門 4-3-1 城山トラストタワー 37 階
株式会社 ジェイアイエヌ	東京都渋谷区神宮前二丁目 34 番 17 号 住友不動産原宿ビル 20 階
株式会社ビックカメラ	東京都豊島区高田 3-23-23
DCM ホールディングス株式会社	東京都品川区南大井 6 丁目 22 番 7 号 大森ベルポート E 館
株式会社 MonotaRO	兵庫県尼崎市西向島町 231-2 GLP 尼崎 3F
J. フロント リテイリング 株式会社	東京都中央区銀座 6 丁目 10 番 1 号
株式会社ドトール・日レス ホールディングス	東京都渋谷区猿楽町 10 番 11 号
株式会社 マツモトキヨシホールディングス	千葉県松戸市新松戸東 9 番地 1
株式会社ブロンコビリー	愛知県名古屋市名東区平和が丘 1-75
株式会社スタートトゥデイ	千葉県千葉市美浜区中瀬 2-6-1 WBG マリブウエスト 15F（受付）16F（オフィス）
株式会社物語コーポレーション	愛知県豊橋市西岩田 5-7-11
株式会社ココカラファイン	神奈川県横浜市港北区新横浜 3-17-6 イノテックビル
株式会社三越伊勢丹ホールディングス	東京都新宿区新宿五丁目 16 番 10 号
ウエルシアホールディングス 株式会社	東京都千代田区神田須田町 1-9 相鉄神田須田町ビル 3 階
株式会社 クリエイト SD ホールディングス	神奈川県横浜市青葉区荏田西二丁目 3 番地 2
丸善 CHI ホールディングス 株式会社	東京都新宿区市谷左内町 31 番地 2
株式会社エー・ピーカンパニー	東京都港区赤坂 2-17-22 赤坂ツインタワー東館 18F
ブックオフコーポレーション 株式会社	神奈川県相模原市南区古淵 2-14-20
株式会社あさひ	大阪市都島区高倉町三丁目 11 番 4 号
日本調剤株式会社	東京都千代田区丸の内 1-9-1 グラントウキョウノースタワー 37 階
株式会社　コスモス薬品	福岡県福岡市博多区博多駅東 2 丁目 10 番 1 号 第一福岡ビル S 館 4 階
株式会社　一六堂	東京都中央区八重洲 1-8-9（株）一六堂ビル

会社名	本社住所
株式会社 セブン＆アイ・ホールディングス	東京都千代田区二番町 8 番地 8
株式会社クリエイト・ レストランツ・ホールディングス	東京都品川区東五反田 5-10-18
株式会社ツルハホールディングス	北海道札幌市東区北 24 条東 20 丁目 1-21
株式会社 サンマルクホールディングス	岡山県岡山市北区平田 173 番地 104
株式会社フェリシモ	神戸市中央区浪花町 59 番地
株式会社トリドール	兵庫県神戸市中央区小野柄通 7 丁目 1-1 日本生命三宮駅前ビル 11 階
株式会社クスリのアオキ	石川県白山市松本町 2512 番地
株式会社 メディカルシステムネットワーク	札幌市中央区北 10 条西 24 丁目 3 番地　AKK ビル 6 階
総合メディカル株式会社	福岡市中央区天神 2 － 14 － 8 福岡天神センタービル 16 階
はるやま商事株式会社	岡山県岡山市北区表町 1 丁目 2 番 3 号
カッパ・クリエイト ホールディングス株式会社	埼玉県さいたま市大宮区桜木町 1 丁目 10 番地 16 シーノ大宮ノースウイング 14 階
株式会社ライトオン	茨城県つくば市吾妻一丁目 11 番 1
株式会社 ジーンズメイト	東京都渋谷区元代々木町 30-13 ラウンドクロス元代々木 1F
株式会社良品計画	東京都豊島区東池袋 4-26-3
株式会社 三城ホールディングス	東京都港区港南 4 丁目 1 番 8 号
株式会社コナカ	神奈川県横浜市戸塚区品濃町 517 番地 2
株式会社ハウス オブ ローゼ	東京都港区赤坂 2-21-7
株式会社 G-7 ホールディングス	兵庫県神戸市須磨区弥栄台 3 丁目 1-6
イオン北海道株式会社	札幌市白石区本通 21 丁目南 1 番 10 号
株式会社コジマ	栃木県宇都宮市星が丘 2-1-8
株式会社ヒマラヤ	岐阜県岐阜市江添 1 丁目 1 番 1 号
コーナン商事株式会社	大阪府堺市西区鳳東町 6 丁 637 番地 1 号
株式会社エコス	東京都昭島市中神町 1160 番地 1

会社名	本社住所
ワタミ株式会社	東京都大田区羽田一丁目1番3号
マルシェ株式会社	大阪市阿倍野区阪南町 2-20-14
株式会社ドン・キホーテ	東京都目黒区青葉台 2-19-10
株式会社　西松屋チェーン	兵庫県姫路市飾東町庄 266-1
株式会社 ゼンショーホールディングス	東京都港区港南 2-18-1 JR品川イーストビル（8階総合受付）
株式会社幸楽苑	福島県郡山市田村町金屋字川久保1番地1
株式会社ハークスレイ	大阪市北区鶴野町3番10号
株式会社サイゼリヤ	埼玉県吉川市旭2番地5
株式会社ポプラ	広島県広島市安佐北区安佐町大字久地 665-1
株式会社ユナイテッドアローズ	東京都渋谷区神宮前 2-31-12
株式会社ハイデイ日高	埼玉県さいたま市 大宮区大門町 3-105 やすなビル 6F
京都きもの友禅株式会社	東京都中央区日本橋大伝馬町 14-1 住友生命日本橋大伝馬町ビル
株式会社コロワイド	神奈川県横浜市西区みなとみらい 2-2-1 ランドマークタワー 12F
株式会社壱番屋	愛知県一宮市三ツ井六丁目12番23号
株式会社トップカルチャー	新潟県新潟市西区小針4丁目9番1号
株式会社 PLANT	福井県坂井市坂井町下新庄 15-8-1
スギホールディングス株式会社	愛知県安城市三河安城町一丁目8番地4
株式会社スクロール	静岡県浜松市中区佐藤二丁目24番1号
株式会社 ヨンドシーホールディングス	東京都品川区上大崎 2-19-10
株式会社ファミリーマート	東京都豊島区東池袋三丁目1番1号
株式会社木曽路	名古屋市昭和区白金 3-18-13
サトレストランシステムズ 株式会社	大阪市中央区安土町二丁目3番13号
株式会社千趣会	大阪市北区同心 1-8-9

会社名	本社住所
株式会社タカキュー	東京都板橋区板橋 3-9-7
株式会社ケーヨー	千葉市若葉区みつわ台一丁目 28 番 1 号
上新電機株式会社	大阪市浪速区日本橋西 1-6-5
日本瓦斯株式会社	鹿児島市中央町 8 番地 2
株式会社ベスト電器	福岡県福岡市博多区千代 6-2-33
株式会社 マルエツ	東京都豊島区東池袋 5-51-12
ロイヤルホールディングス 株式会社	福岡市博多区那珂三丁目 28 番 5 号
株式会社東天紅	東京都台東区池之端 1 丁目 4 番 33 号
株式会社 いなげや	東京都立川市栄町六丁目 1 番地の 1
株式会社島忠	埼玉県さいたま市西区三橋 5-1555
株式会社チヨダ	東京都杉並区成田東 4 丁目 39 番 8 号
株式会社ライフコーポレーション	大阪市淀川区西宮原 2-2-22
株式会社　カスミ	茨城県つくば市西大橋 599-1
株式会社リンガーハット	長崎県長崎市鍛冶屋町 6-50
株式会社さが美	神奈川県横浜市港南区下永谷六丁目 2 番 11 号
株式会社 MrMax	福岡市東区松田 1 丁目 5 番 7 号
テンアライド株式会社	東京都目黒区鷹番 2-16-18（K ビル 4F）
株式会社 AOKI ホールディングス	神奈川県横浜市都筑区茅ヶ崎中央 24 番 1 号
株式会社オークワ	和歌山市中島 185 番地の 3
株式会社コメリ	新潟県新潟市南区清水 4501-1
青山商事株式会社	広島県福山市王子町 1-3-5 青山商事株式会社 本社ビル
株式会社しまむら	埼玉県さいたま市北区宮原町 2-19-4
株式会社 CFS コーポレーション	静岡県三島市広小路町 13 番 4 号
株式会社はせがわ	東京都文京区後楽 1-5-3 後楽国際ビルディング 7 階

会社名	本社住所
株式会社髙島屋	大阪府大阪市中央区難波 5 丁目 1 番 5 号
株式会社松屋	東京都中央区銀座 3-6-1
エイチ・ツー・オー リテイリング株式会社	大阪市北区角田町 8 番 7 号
株式会社近鉄百貨店	大阪市阿倍野区阿倍野筋 1-1-43
株式会社丸栄	名古屋市中区栄三丁目 3 番 1 号
株式会社ニッセンホールディングス	京都市南区西九条院町 26 番地
株式会社パルコ	東京都豊島区南池袋 1-28-2
株式会社　丸井グループ	東京都中野区中野 4 丁目 3 番 2 号
アクシアル リテイリング株式会社	新潟県長岡市中興野 18 番地 2
株式会社井筒屋	北九州市小倉北区船場町 1 番 1 号
株式会社ダイエー	東京都江東区東陽 2 丁目 2 番 20 号
イズミヤ株式会社	大阪市西成区花園南 1 丁目 4 番 4 号
イオン株式会社	千葉県千葉市美浜区中瀬 1-5-1
ユニーグループ・ホールディングス株式会社	愛知県稲沢市天池五反田町 1 番地
株式会社イズミ	広島県広島市東区二葉の里 3 丁目 3 番 1 号
株式会社東武ストア	東京都板橋区上板橋 3 丁目 1 番 1 号
株式会社平和堂	滋賀県彦根市小泉町 31 番地
株式会社フジ	松山市宮西 1-2-1
株式会社 ヤオコー	埼玉県川越市脇田本町 1 番地 5
ゼビオ株式会社	福島県郡山市朝日三丁目 7 番 35 号
株式会社ケーズホールディングス	茨城県水戸市桜川 1-1-1
株式会社 Olympic グループ	東京都国分寺市本町 4-12-1
日産東京販売ホールディングス株式会社	東京都品川区西五反田四丁目 32 番 1 号
株式会社アインファーマシーズ	札幌市東区東苗穂 5 条 1 丁目 2-1

会社名	本社住所
元気寿司株式会社	栃木県宇都宮市大通り二丁目1番5号
株式会社ヤマダ電機	群馬県高崎市栄町1番1号
アークランドサカモト株式会社	新潟県三条市上須頃445番地
株式会社ニトリホールディングス	札幌市北区新琴似七条一丁目2番39号
株式会社グルメ杵屋	大阪市住之江区北加賀屋3丁目4番7号
愛眼株式会社	大阪市天王寺区大道四丁目9番12号
株式会社吉野家ホールディングス	東京都北区赤羽南1-20-1
株式会社松屋フーズ	東京都武蔵野市中町1-14-5
株式会社サガミチェーン	愛知県名古屋市守山区森孝1-1709
株式会社関西スーパーマーケット	伊丹市中央5丁目3番38号
株式会社 王将フードサービス	京都市山科区西野山射庭ノ上町294番地の1
株式会社プレナス	福岡県福岡市博多区上牟田1丁目19番21号
ミニストップ株式会社	千葉県千葉市美浜区中瀬1-5-1
株式会社アークス	札幌市中央区南13条西11丁目2番32号
株式会社バロー	岐阜県恵那市大井町180番地の1
藤久株式会社	名古屋市名東区高社一丁目210番地
株式会社ベルク	埼玉県大里郡寄居町用土5456
株式会社　大庄	東京都品川区南大井6-28-12
株式会社 ファーストリテイリング	山口県山口市佐山717-1
株式会社サンドラッグ	東京都府中市若松町1丁目38番地の1
株式会社東京デリカ	東京都葛飾区新小岩1丁目48番地14号 第3デリカビル9階
株式会社ヤマザワ	山形市あこや町三丁目8番9号
株式会社やまや	宮城県仙台市宮城野区榴岡3丁目4番1号
株式会社ベルーナ	埼玉県上尾市宮本町4番2号

第3章

就職活動のはじめかた

入りたい会社は決まった。しかし「就職活動とはそもそも何をしていいのかわからない」「どんな流れで進むかわからない」という声は意外と多い。ここでは就職活動の一般的な流れや内容，対策について解説していく。

▶就職活動のスケジュール

3月	**4**月	**6**月

就職活動スタート

> 2025年卒の就活スケジュールは,経団連と政府を中心に議論され,2024年卒の採用選考スケジュールから概ね変更なしとされている。

エントリー受付・提出

OB・OG訪問

> 企業の説明会には積極的に参加しよう。自の企業研究だけでは見えてこなかったた な情報を得る機会であるとともに,モ ベーションアップにもつながる。また,説 会に参加した者だけに配布する資料など ある。

合同企業説明会　　　個別企業説明会

筆記試験・面接試験等始まる（3月〜）

内々定（大手企業

2月末までにやっておきたいこと

就職活動が本格化する前に,以下のことに取り組んでおこう。
　◎自己分析　◎インターンシップ　◎筆記試験対策
　◎業界研究・企業研究　◎学内就職ガイダンス
自分が本当にやりたいことはなにか,自分の能力を最大限に活かせる 会社はどこか。自己分析と企業研究を重ね,それを文章などにして明 確にしておき,面接時に最大限に活用できるようにしておこう。

月　　　**8月**　　　**10月**

中小企業採用本格化

内定者の数が採用予定数に満た
ない企業，1年を通して採用を継
続している企業，夏休み以降に採
用活動を実施企業（後期採用）は
採用活動を継続して行っている。
大企業でも後期採用を行っている
こともあるので，企業から内定が
出ても，納得がいかなければ継続
して就職活動を行うこともある。

中小企業の採用が本格化するのは大手
企業より少し遅いこの時期から。HP
などで採用情報をつかむとともに，企
業研究も怠らないようにしよう。

内々定とは10月1日以前に通知（電話等）
されるもの。内定に関しては現在協定があり，
10月1日以降に文書等にて通知される。

内々定（中小企業）　　　内定式（10月〜）

どんな人物が求められる？

多くの企業は，常識やコミュニケーション能力があり，社会のできごと
に高い関心を持っている人物を求めている。これは「会社の一員と
して将来の企業発展に寄与してくれるか」という視点に基づく，もっとも
普遍的な選考基準だ。もちろん，「自社の志望を真剣に考えているか」
「自社の製品，サービスにどれだけの関心を向けているか」という熱
意の部分も重要な要素になる。

就活ロールプレイ！

理論編 STEP 1 就職活動のスタート

内定までの道のりは，大きく分けると以下のようになる。

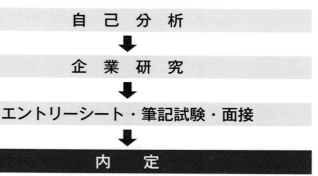

自 己 分 析

⬇

企 業 研 究

⬇

エントリーシート・筆記試験・面接

⬇

内 定

01 まず自己分析からスタート

就職活動とは，「企業に自分をPRすること」。自分自身の興味，価値観に加えて，強み・能力という要素が加わって，初めて企業側に「自分が働いたら，こういうポイントで貢献できる」と自分自身を売り込むことができるようになる。

■自分の来た道を振り返る

自己分析をするための第一歩は，「振り返ってみる」こと。

小学校，中学校など自分のいた"場"ごとに何をしたか（部活動など），何を学んだか，交友関係はどうだったか，興味のあったこと，覚えている印象的なことを書き出してみよう。

■テストを受けてみる

"自分では気がついていない能力"を客観的に検査してもらうことで，自分に向いている職種が見えてくる。下記の5種類が代表的なものだ。

①職業適性検査　　②知能検査　　③性格検査
④職業興味検査　　⑤創造性検査

■先輩や専門家に相談してみる

　就職活動をするうえでは，"いかに他人に自分のことをわかってもらうか"が重要なポイント。他者の視点で自分を分析してもらうことで，より客観的な視点で自己PRができるようになる。

自己分析の流れ
❑過去の経験を書いてみる
❑現在の自己イメージを明確にする…行動，考え方，好きなものなど。
❑他人から見た自分を明確にする
❑将来の自分を明確にしてみる…どのような生活をおくっていたいか。期待，夢，願望。なりたい自分はどういうものか，掘り下げて考える。→自己分析結果を，志望動機につなげていく。

理論編 STEP2　企業の情報を収集する

01 企業の絞り込み

　志望企業の絞り込みについての考え方は大きく分けて2つある。

　第1は，同一業種の中で1次候補，2次候補……と絞り込んでいく方法。

　第2は，業種を1次，2次，3次候補と変えながら，それぞれに2社程度ずつ絞り込んでいく方法。

　第1の方法では，志望する同一業種の中で，一流企業，中堅企業，中小企業，縁故などがある歯止めの会社……というふうに絞り込んでいく。

　第2の方法では，自分が最も望んでいる業種，将来好きになれそうな業種，発展性のある業種，安定性のある業種，現在好況な業種……というふうに区別して，それぞれに適当な会社を絞り込んでいく。

02 情報の収集場所

- ・キャリアセンター
- ・新聞
- ・インターネット
- ・**企業情報**

『就職四季報』（東洋経済新報社刊），『日経会社情報』（日本経済新聞社刊）などの企業情報。この種の資料は本来"株式市場"についての資料だが，その時期の景気動向を含めた情報を仕入れることができる。

- ・**経済雑誌**

『ダイヤモンド』（ダイヤモンド社刊）や『東洋経済』（東洋経済新報社刊），『エコノミスト』（毎日新聞出版刊）など。

- ・OB・OG／社会人

①成長力

まず"売上高"。次に資本力の問題や利益率などの比率。いくら資本金があっても，それを上回る膨大な借金を抱えていて，いくら稼いでも利払いに追われまくるようでは，成長できないし，安定できない。

成長力を見るには自己資本率を割り出してみる。自己資本を総資本で割って100を掛けると自己資本率がパーセントで出てくる。自己資本の比率が高いほうが成長力もあり安定度も高い。

利益率は純利益を売上高で割って100を掛ける。利益率が高ければ，企業はどんどん成長するし，社員の待遇も上昇する。利益率が低いということは，仕事がどんなに忙しくても利益にはつながらないということになる。

②技術力

技術力は，短期的な見方と長期的な展望が必要になってくる。研究部門が適切な規模か，大学など企業外の研究部門との連絡があるか，先端技術の分野で開発を続けているかどうかなど。

③経営者と経営形態

会社が将来，どのような発展をするか，または衰退するかは経営者の経営哲学，経営方針によるところが大きい。社長の経歴を知ることも必要。創始者の息子，孫といった親族が社長をしているのか，サラリーマン社長か，官庁などからの天下りかということも大切なチェックポイント。

④社風

社風というのは先輩社員から後輩社員に伝えられ，教えられるもの。社風もいろいろな面から必ずチェックしよう。

⑤安定性

企業が成長しているか，安定しているかということは車の両輪。どちらか片方の回転が遅くなっても企業はバランスを失う。安定し，しかも成長する。これが企業として最も理想とするところ。

⑥待遇

初任給だけを考えてみても，それが手取りなのか，基本給なのか。基本給というのはボーナスから退職金，定期昇給の金額にまで響いてくる。また，待遇というのは給与ばかりではなく，福利厚生施設でも大きな差が出てくる。

■そのほかの会社比較の基準

1. ゆとり度

休暇制度は，企業によって独自のものを設定しているところもある。「長期休暇制度」といったものなどの制定状況と，また実際に取得できているかどうかも調べたい。

2. 独身寮や住宅設備

最近では，社宅は廃止し，住宅手当を多く出すという流れもある。寮や社宅についての福利厚生は調べておく。

3. オフィス環境

会社に根づいた慣習や社員に対する考え方が，意外にオフィスの設備やレイアウトに表れている場合がある。

たとえば，個人の専有スペースの広さや区切り方，パソコンなどOA機器の設置状況，上司と部下の机の配置など，会社によってずいぶん違うもの。玄関ロビーや受付の様子を観察するだけでも，会社ごとのカラーや特徴がどこかに見えてくる。

4. 勤務地

転勤はイヤ，どうしても特定の地域で生活していきたい。そんな声に応えて，最近は流通業などを中心に，勤務地限定の雇用制度を取り入れる企業も増えている。

---

column　初任給では分からない本当の給与

会社の給与水準には「初任給」「平均給与」「平均ボーナス」「モデル給与」など，判断材料となるいくつかのデータがある。これらのデータからその会社の給料の優劣を判断するのは非常に難しい。

たとえば中小企業の中には，初任給が飛び抜けて高い会社がときどきある。しかしその後の昇給率は大きくないのがほとんど。

一方，大手企業の初任給は業種間や企業間の差が小さく，ほとんど横並びと言っていい。そこで，「平均給与」や「平均ボーナス」などで将来の予測をするわけだが，これは一応の目安とはなるが，個人差があるので正確とは言えない。

■**決定版「就職ノート」はこう作る**

1冊にすべて書き込みたいという人には，ルーズリーフ形式のノートがお勧め。会社研究，スケジュール，時事用語，OB／OG訪問，切り抜きなどの項目を作りインデックスをつける。

カレンダー，説明会，試験などのスケジュール表を貼り，とくに会社別の説明会，面談，書類提出，試験の日程がひと目で分かる表なども作っておく。そして見開き2ページで1社を載せ，左ページに企業研究，右ページには志望理由，自己PRなどを整理する。

就職ノートの主なチェック項目

❏企業研究…資本金，業務内容，従業員数など基礎的な会社概要から，過去の採用状況，業務報告などのデータ

❏採用試験メモ…日程，条件，提出書類，採用方法，試験の傾向など

❏店舗・営業所見学メモ…流通関係，銀行などの場合は，客として訪問し，商品（値段，使用価値，ユーザーへの配慮），店員（接客態度，商品知識，熱意，親切度），店舗（ショーケース，陳列の工夫，店内の清潔さ）などの面をチェック

❏OB／OG訪問メモ…OB／OGの名前，連絡先，訪問日時，面談場所，質疑応答のポイント，印象など

❏会社訪問メモ…連絡先，人事担当者名，会社までの交通機関，最寄り駅からの地図，訪問のときに得た情報や印象，訪問にいたるまでの経過も記入

05 「OB／OG訪問」

　「OB／OG訪問」は，実際は採用予備選考開始。まず，OB／OG訪問を希望したら，大学のキャリアセンター，教授などの紹介で，志望企業に勤める先輩の手がかりをつかむ。もちろん直接電話なり手紙で，自分の意向を会社側に伝えてもいい。自分の在籍大学，学部をはっきり言って，「先輩を紹介していただけないでしょうか」と依頼しよう。

参考 **OB／OG訪問時の質問リスト例**

●**採用について**
- ・成績と面接の比重
- ・採用までのプロセス（日程）
- ・面接は何回あるか
- ・面接で質問される事項　etc.
- ・評価のポイント
- ・筆記試験の傾向と対策
- ・コネの効力はどうか

●**仕事について**
- ・内容（入社10年，20年のOB/OG）
- ・希望職種につけるのか
- ・残業，休日出勤，出張など
- ・新入社員の仕事
- ・やりがいはどうか
- ・同業他社と比較してどうか　etc.

●**社風について**
- ・社内のムード
- ・仕事のさせ方　etc.
- ・上司や同僚との関係

●**待遇について**
- ・給与について
- ・昇進のスピード
- ・福利厚生の状態
- ・離職率について　etc.

インターンシップとは，学生向けに企業が用意している「就業体験」プログラム。ここで学生はさまざまな企業の実態をより深く知ることができ，その後の就職活動において自己分析，業界研究，職種選びなどに活かすことができる。また企業側にとっても有能な学生を発掘できるというメリットがあるため，導入する企業は増えている。

インターンシップ参加が採用につながっているケースもあるため，たくさん参加してみよう。

column コネを利用するのも１つの手段？

コネを活用できるのは，以下のような場合である。

・企業と大学に何らかの「連絡」がある場合

企業の新卒採用の場合，特定校・指定校が決められていることもある。企業側が過去の実績などに基づいて決めており，大学の力が大きくものをいう。

とくに理工系では，指導教授や研究室と企業との連絡が密接な場合が多く，教授の推薦が有利であることは言うまでもない。同じ大学出身の先輩とのコネも，この部類に区分できる。

・志望企業と「関係」ある人と関係がある場合

一般的に言えば，志望企業の取り引き先関係からの紹介というのが一番多い。ただし，年間億単位の実績が必要で，しかも部長・役員以上につながっていなければコネがあるとは言えない。

・志望企業と何らかの「親しい関係」がある場合

志望企業に勤務したりアルバイトをしていたことがあるという場合。インターンシップもここに分類される。職場にも馴染みがあり人間関係もできているので，就職に際してきわめて有利。

・志望会社に関係する人と「縁故」がある場合

縁故を「血縁関係」とした場合，日本企業ではこのコネはかなり有効なところもある。ただし，血縁者が同じ会社にいるというのは不都合なことも多いので，どの企業も慎重。

1. 受付の様子

受付事務がテキパキとしていて，分かりやすいかどうか。社員の態度が親切で誠意が伝わってくるかどうか。

こういった受付の様子からでも，その会社の社員教育の程度や，新入社員採用に対する熱意とか期待を推し測ることができる。

2. 控え室の様子

控え室が2カ所以上あって，国立大学と私立大学の訪問者とが，別々に案内されているようなことはないか。また，面談の順番を意図的に変えているようなことはないか。これはよくある例で，すでに大半は内定しているということを意味する場合が多い。

3. 社内の雰囲気

社員の話し方，その内容を耳にはさむだけでも，社風が伝わってくる。

4. 面談の様子

何時間も待たせたあげくに，きわめて事務的に，しかも投げやりな質問しかしないような採用担当者である場合，この会社は人事が適正に行われていないということだから，一考したほうがよい。

参考 ▶ **説明会での質問項目**

・質問内容が抽象的でなく，具体性のあるものかどうか。
・質問内容は，現在の社会・経済・政治などの情況を踏まえた，
　大学生らしい高度で専門性のあるものか。
・質問をするのはいいが，「それでは，あなたの意見はどうか」と
　逆に聞かれたとき，自分なりの見解が述べられるものであるか。

提出書類を用意する

　提出する書類は6種類。①～③が大学に申請する書類，④～⑥が自分で書く書類だ。大学に申請する書類は一度に何枚も入手しておこう。

　①「卒業見込証明書」

　②「成績証明書」

　③「健康診断書」

　④「履歴書」

　⑤「エントリーシート」

　⑥「会社説明会アンケート」

■自分で書く書類は「自己PR」

　第1次面接に進めるか否かは「自分で書く書類」の出来にかかっている。「履歴書」と「エントリーシート」は会社説明会に行く前に準備しておくもの。「会社説明会アンケート」は説明会の際に書き，その場で提出する書類だ。

01 履歴書とエントリーシートの違い

　Webエントリーを受け付けている企業に資料請求をすると，資料と一緒に「エントリーシート」が送られてくるので，応募サイトのフォームやメールでエントリーシートを送付する。Webエントリーを行っていない企業には，ハガキやメールで資料請求をする必要があるが，「エントリーシート」は履歴書とは異なり，企業が設定した設問に対して回答するもの。すなわちこれが「1次試験」であり，これにパスをした人だけが会社説明会に呼ばれる。

■字はていねいに

字を書くところから，その企業に対する"本気度"は測られている。

■誤字，脱字は厳禁

使用するのは，黒のインク。

■修正液使用は不可

■数字は算用数字

■自分の広告を作るつもりで書く

自分はこういう人間であり，何がしたいかということを簡潔に書く。メリットになることだけで良い。自分に損になるようなことを書く必要はない。

■「やる気」を示す具体的なエピソードを

「私はやる気があります」「私は根気があります」という抽象的な表現だけではNG。それを示すエピソードのようなものを書かなくては意味がない。

Point

自己紹介欄の項目はすべて「自己PR」。自分はこういう人間であることを印象づけ，それがさらに企業への「志望動機」につながっていくような書き方をする。

---

column 履歴書やエントリーシートは，共通でもいい？

「履歴書」や「エントリーシート」は企業によって書き分ける。業種はもちろん，同じ業界の企業であっても求めている人材が違うからだ。各書類は提出前にコピーを取り，さらに出した企業名を忘れずに書いておくことも大切だ。

写真	スナップ写真は不可。 スーツ着用で，胸から上の物を使用する。ポイントは「清潔感」。 氏名・大学名を裏書きしておく。
日付	郵送の場合は投函する日，持参する場合は持参日の日付を記入する。
生年月日	西暦は避ける。元号を省略せずに記入する。
氏名	戸籍上の漢字を使う。印鑑押印欄があれば忘れずに押す。
住所	フリガナ欄がカタカナであればカタカナで，平仮名であれば平仮名で記載する。
学歴	最初の行の中央部に「学□□歴」と2文字程度間隔を空けて，中学校卒業から大学（卒業・卒業見込み）まで記入する。 中途退学の場合は，理由を簡潔に記載する。留年は記入する必要はない。 職歴がなければ，最終学歴の一段下の行の右隅に，「以上」と記載する。
職歴	最終学歴の一段下の行の中央部に「職□□歴」と2文字程度間隔を空け記入する。 「株式会社」や「有限会社」など，所属部門を省略しないで記入する。 「同上」や「〃」で省略しない。 最終職歴の一段下の行の右隅に，「以上」と記載する。
資格・免許	4級以下は記載しない。学習中のものも記載して良い。 「普通自動車第一種運転免許」など，省略せずに記載する。
趣味・特技	具体的に（例：読書でもジャンルや好きな作家を）記入する。
志望理由	その企業の強みや良い所を見つけ出したうえで，「自分の得意な事」がどう活かせるかなどを考えぬいたものを記入する。
自己PR	応募企業の事業内容や職種にリンクするような，自分の経験やスキルなどを記入する。
本人希望欄	面接の連絡方法，希望職種・勤務地などを記入する。「特になし」や空白はNG。
家族構成	最初に世帯主を書き，次に配偶者，それから家族を祖父母，兄弟姉妹の順に。続柄は，本人から見た間柄。兄嫁は，義姉と書く。
健康状態	「良好」が一般的。

エントリーシートの記入

01 エントリーシートの目的

・応募者を，決められた採用予定者数に絞り込むこと
・面接時の資料にする
の2つ。

■知りたいのは職務遂行能力

採用担当者が学生を見る場合は,「こいつは与えられた仕事をこなせるかどうか」という目で見ている。企業に必要とされているのは仕事をする能力なのだ。

Point

質問に忠実に，"自分がいかにその会社の求める人材に当てはまるか"を
丁寧に答えること。

02 効果的なエントリーシートの書き方

■情報を伝える書き方

課題をよく理解していることを相手に伝えるような気持ちで書く。

■文章力

大切なのは全体のバランスが取れているか。書く前に，何をどれくらいの字数で収めるか計算しておく。

「起承転結」でいえば，「起」は，文章を起こす導入部分。「承」は，起を受けて，その提起した問題に対して承認を求める部分。「転」は，自説を展開する部分。もっともオリジナリティが要求される。「結」は，最後の締めの結論部分。文章の構成・まとめる力で，総合的な能力が高いことをアピールする。

エントリーシートでよく取り上げられる題材と, その出題意図

エントリーシートで求められるものは, 「自己PR」「志望動機」「将来どうなりたいか（目指すこと）」の3つに大別される。

1.「自己PR」

自己分析にしたがって作成していく。重要なのは, 「なぜそうしようと思ったか？」「○○をした結果, 何が変わったのか？何を得たのか？」という"連続性"が分かるかどうかがポイント。

2.「志望動機」

自己PRと一貫性を保ち, 業界志望理由と企業志望理由を差別化して表現するように心がける。志望する業界の強みと弱み, 志望企業の強みと弱みの把握は基本。

3.「将来の展望」

どんな社員を目指すのか, 仕事へはどう臨もうと思っているか, 目標は何か, などが問われる。仕事内容を事前に把握しておくだけでなく, 5年後の自分, 10年後の自分など, 具体的な将来像を描いておくことが大切。

表現力, 理解力のチェックポイント

❏ 文法, 語法が正しいかどうか

❏ 論旨が論理的で一貫しているかどうか

❏ 1センテンスが簡潔かどうか

❏ 表現が統一されているかどうか（「です, ます」調か「だ, である」調か）

01 個人面接

●自由面接法

面接官と受験者のキャラクターやその場の雰囲気，質問と応答の進行具合などによって雑談形式で自由に進められる。

●標準面接法

自由面接法とは逆に，質問内容や評価の基準などがあらかじめ決まっている。実際には自由面接法と併用で，おおまかな質問事項や判定基準，評価ポイントを決めておき，質疑応答の内容上の制限を緩和しておくスタイルが一般的。1次面接などでは標準面接法をとり，2次以降で自由面接法をとる企業も多い。

●非指示面接法

受験者に自由に発言してもらい，面接官は話題を引き出したりするときなど，最小限の質問をするという方法。

●圧迫面接法

わざと受験者の精神状態を緊張させ，受験者がどのような応答をするかを観察し，判定する。受験者は，冷静に対応することが肝心。

02 集団面接

面接の方法は個人面接と大差ないが，面接官がひとつの質問をして，受験者が順にそれに答えるという方法と，面接官が司会役になって，座談会のような形式で進める方法とがある。

座談会のようなスタイルでの面接は，なるべく受験者全員が関心をもっているような話題を取りあげ，意見を述べさせるという方法。この際，司会役以外の面接官は一言も発言せず，判定・評価に専念する。

03 グループディスカッション

　グループディスカッション（以下，GD）の時間は30〜60分程度，1グループの人数は5〜10人程度で，司会は面接官が行う場合や，時間を決めて学生が交替で行うことが多い。面接官は内容については特に指示することはなく，受験者がどのようにGDを進めるかを観察する。

　評価のポイントは，全体的には理解力，表現力，指導性，積極性，協調性など，個別的には性格，知識，適性などが観察される。

　GDの特色は，集団の中での個人ということで，受験者の能力がどの程度のものであるか，また，どのようなことに向いているかを判定できること。受験者は，グループの中における自分の位置を面接官に印象づけることが大切だ。

グループディスカッション方式の面接におけるチェックポイント

- ❏全体の中で適切な論点を提供できているかどうか。
- ❏問題解決に役立つ知識を持っているか，また提供できているかどうか。
- ❏もつれた議論を解きほぐし，的はずれの議論を元に引き戻す努力をしているかどうか。
- ❏グループ全体としての目標をいつも考えているかどうか。
- ❏感情的な対立や攻撃をしかけているようなことはないか。
- ❏他人の意見に耳を傾け，よい意見には賛意を表し，それを全体に推し広げようという寛大さがあるかどうか。
- ❏議論の流れを自然にリードするような主導性を持っているかどうか。
- ❏提出した意見が議論の進行に大きな影響を与えているかどうか。

04 面接時の注意点

●控え室

　控え室には，指定された時間の15分前には入室しよう。そこで担当の係から，面接に際しての注意点や手順の説明が行われるので，疑問点は積極的に聞くようにし，心おきなく面接にのぞめるようにしておこう。会社によっては，所定のカードに必要事項を書き込ませたり，お互いに自己紹介をさせたりする場合もある。また，この控え室での行動も細かくチェックして，合否の資料にしている会社もある。

●入室・面接開始

　係員がドアの開閉をしてくれる場合もあるが，それ以外は軽くノックして入室し，必ずドアを閉める。そして入口近くで軽く一礼し，面接官か補助員の「どうぞ」という指示で正面の席に進み，ここで再び一礼をする。そして，学校名と氏名を名のって静かに着席する。着席時は，軽く椅子にかけるようにする。

●面接終了と退室

　面接の終了が告げられたら，椅子から立ち上がって一礼し，椅子をもとに戻して，面接官または係員の指示を受けて退室する。

　その際も，ドアの前で面接官のほうを向いて頭を下げ，静かにドアを開閉する。控え室に戻ったら，係員の指示を受けて退社する。

05 面接試験の評定基準

●協調性

　企業という「集団」では，他人との協調性が特に重視される。

　感情や態度が円満で調和がとれていること，極端に好悪の情が激しくなく，物事の見方や考え方が穏健で中立であることなど，職場での人間関係を円滑に進めていくことのできる人物かどうかが評価される。

●話し方

　外観印象的には，言語の明瞭さや応答の態度そのものがチェックされる。小さな声で自信のない発言，乱暴野卑な発言は減点になる。

　考えをまとめたら，言葉を選んで話すくらいの余裕をもって，真剣に応答しようとする姿勢が重視される。軽率な応答をしたり，まして発言に矛盾を指摘されるような事態は極力避け，もしそのような状況になりそうなときは，自分の非を認めてはっきりと謝るような態度を示すべき。

●好感度

　実社会においては，外観による第一印象が，人間関係や取引に大きく影響を及ぼす。

　「フレッシュな爽やかさ」に加え，入社志望など，自分の意思や希望をより明確にすることで，強い信念に裏づけられた姿勢をアピールできるよう努力したい。

●判断力

何を質問されているのか，何を答えようとしているのか，常に冷静に判断していく必要がある。

●表現力

話に筋道が通り理路整然としているか，言いたいことが簡潔に言えるか，話し方に抑揚があり聞く者に感銘を与えるか，用語が適切でボキャブラリーが豊富かどうか。

●積極性

活動意欲があり，研究心旺盛であること，進んで物事に取り組み，創造的に解決しようとする意欲が感じられること，話し方にファイトや情熱が感じられること，など。

●計画性

見通しをもって順序よく合理的に仕事をする性格かどうか，またその能力の有無。企業の将来性のなかに，自分の将来をどうかみ合わせていこうとしているか，現在の自分を出発点として，何を考え，どんな仕事をしたいのか。

●安定性

情緒の安定は，社会生活に欠くことのできない要素。自分自身をよく知っているか，他の人に流されない信念をもっているか。

●誠実性

自分に対して忠実であろうとしているか，物事に対してどれだけ誠実な考え方をしているか。

●社会性

企業は集団活動なので，自分の考えに固執したり，不平不満が多い性格は向かない。柔軟で適応性があるかどうか。

清潔感や明朗さ，若々しさといった外観面も重視される。

06 面接試験の質問内容

1. 志望動機

受験先の概要や事業内容はしっかりと頭の中に入れておく。また，その企業の企業活動の社会的意義と，自分自身の志望動機との関連を明確にしておく。「安定している」「知名度がある」「将来性がある」といった利己的な動機，「自

分の性格に合っている」というような，あいまいな動機では説得力がない。安定性や将来性は，具体的にどのような企業努力によって支えられているのかという考察も必要だし，それに対する受験者自身の評価や共感なども問われる。

①どうしてその業種なのか

②どうしてその企業なのか

③どうしてその職種なのか

以上の①〜③と，自分の性格や資質，専門などとの関連性を説明できるようにしておく。

自分がどうしてその会社を選んだのか，どこに大きな魅力を感じたのかを，できるだけ具体的に，情熱をもって語ることが重要。自分の長所と仕事の適性を結びつけてアピールし，仕事のやりがいや仕事に対する興味を述べるのもよい。

■複数の企業を受験していることは言ってもいい？

同じ職種，同じ業種で何社かかけもちしている場合，正直に答えてもかまわない。しかし，「第一志望はどこですか」というような質問に対して，正直に答えるべきかどうかというと，やはりこれは疑問がある。どんな会社でも，他社を第一志望にあげられれば，やはり愉快には思わない。

また，職種や業種の異なる会社をいくつか受験する場合も同様で，極端に性格の違う会社をあげれば，その矛盾を突かれるのは必至だ。

2. 仕事に対する意識・職業観

採用試験の段階では，次年度の配属予定が具体的に固まっていない会社もかなりある。具体的に職種や部署などを細分化して募集している場合は別だが，そうでない場合は，希望職種をあまり狭く限定しないほうが賢明。どの業界においても，採用後，新入社員には，研修としてその会社の各セクションをひと通り経験させる企業は珍しくない。そのうえで，具体的な配属計画を検討するのだ。

大切なことは，就職や職業というものを，自分自身の生き方の中にどう位置づけるか，また，自分の生活の中で仕事とはどういう役割を果たすのかを考えてみること。つまり自分の能力を活かしたい，社会に貢献したい，自分の存在価値を社会的に実現してみたい，ある分野で何か自分の力を試してみたい……，などの場合を考え，それを自分自身の人生観，志望職種や業種などとの関係を考えて組み立ててみる。自分の人生観をもとに，それを自分の言葉で表現できるようにすることが大切。

3. 自己紹介・自己PR

性格そのものを簡単に変えたり，欠点を克服したりすることは実際には難しいが，"仕方がない"という姿勢を見せることは禁物で，どんなささいなことでも，努力している面をアピールする。また一般的にいって，専門職を除けば，就職時になんらかの資格や技能を要求する企業は少ない。

ただ，資格をもっていれば採用に有利とは限らないが，専門性を要する業種では考慮の対象とされるものもある。たとえば英検，簿記など。

企業が学生に要求しているのは，4年間の勉学を重ねた学生が，どのように仕事に有用であるかということで，学生の知識や学問そのものを聞くのが目的ではない。あくまで，社会人予備軍としての謙虚さと素直さを失わないようにする。

知識や学力よりも，その人の人間性，ビジネスマンとしての可能性を重視するからこそ，面接担当者は，学生生活全般について尋ねることで，書類だけでは分からない人間性を探ろうとする。

何かうち込んだものや思い出に残る経験などは，その人の人間的な成長になんらかの作用を及ぼしているものだ。どんな経験であっても，そこから受けた印象や教訓などは，明確に答えられるようにしておきたい。

4. 一般常識・時事問題

一般常識・時事問題については筆記試験の分野に属するが，面接でこうしたテーマがもち出されることも珍しくない。受験者がどれだけ社会問題に関心をもっているか，一般常識をもっているか，また物事の見方・考え方に偏りがないかなどを判定する。知識や教養だけではなく，一問一答の応答を通じて，その人の性格や適応能力まで判断されることになる。

07 面接に向けての事前準備

■面接試験1カ月前までには万全の準備をととのえる

●志望会社・職種の研究

新聞の経済欄や経済雑誌などのほか，会社年鑑，株式情報など書物による研究をしたり，インターネットにあがっている企業情報や，検索によりさまざまな角度から調べる。すでにその会社へ就職している先輩や知人に会って知識を得たり，大学のキャリアセンターへ情報を求めるなどして総合的に判断する。

■専攻科目の知識・卒論のテーマなどの整理

大学時代にどれだけ勉強してきたか，専攻科目や卒論のテーマなどを整理しておく。

■時事問題に対する準備

毎日欠かさず新聞を読む。志望する企業の話題は，就職ノートに整理するなどもアリ。

面接当日の必需品

- ❏必要書類（履歴書，卒業見込証明書，成績証明書，健康診断書，推薦状）
- ❏学生証
- ❏就職ノート（志望企業ファイル）
- ❏印鑑，朱肉
- ❏筆記用具（万年筆，ボールペン，サインペン，シャープペンなど）
- ❏手帳，ノート
- ❏地図（訪問先までの交通機関などをチェックしておく）
- ❏現金（小銭も用意しておく）
- ❏腕時計（オーソドックスなデザインのもの）
- ❏ハンカチ，ティッシュペーパー
- ❏くし，鏡（女性は化粧品セット）
- ❏シューズクリーナー
- ❏ストッキング
- ❏折りたたみ傘（天気予報をチェックしておく）
- ❏携帯電話，充電器

■一般常識試験

社会人として企業活動を行ううえで**最低限必要となる一般常識**のほか，
英語，国語，社会（時事問題），数学などの知識の程度を確認するもの。

　難易度はおおむね中学・高校の教科書レベル。一般常識の問題集を1冊やっておけばよいが，業界によっては専門分野が出題されることもあるため，必ず志望する企業のこれまでの試験内容は調べておく。

■一般常識試験の対策

・**英語**　慣れておくためにも，教科書を復習する，英字新聞を読むなど。

・**国語**　漢字，四字熟語，反対語，同音異義語，ことわざをチェック。

・**時事問題**　新聞や雑誌，テレビ，ネットニュースなどアンテナを張っておく。

■適性検査

　SPI（Synthetic Personality Inventory）試験（SPI3試験）とも呼ばれ，能力テストと性格テストを合わせたもの。

　能力テストでは国語能力を測る「言語問題」と，数学能力を測る「非言語問題」がある。言語的能力，知覚能力，数的能力のほか，思考・推理能力，記憶力，注意力などの問題で構成されている。

　性格テストは「はい」か「いいえ」で答えていく。仕事上の適性と性格の傾向などが一致しているかどうかをみる。

SPIは職務への適応性を客観的にみるためのもの。

01 「論文」と「作文」

　一般に「論文」はあるテーマについて自分の意見を述べ，その論証をする文章で，必ず意見の主張とその論証という2つの部分で構成される。問題提起と論旨の展開，そして結論を書く。

　「作文」は，一般的には感想文に近いテーマ，たとえば「私の興味」「将来の夢」といったものがある。

　就職試験では「論文」と「作文」を合わせた"論作文"とでもいうようなものが出題されることが多い。

　論作文試験とは，「文章による面接」。テーマに書き手がどういう態度を持っているかを知ることが，出題の主な目的だ。受験者の知識・教養・人生観・社会観・職業観，そして将来への希望などが，どのような思考を経て，どう表現されているかによって，企業にとって，必要な人物かどうかを判断している。

　論作文の場合には，書き手の社会的意識や考え方に加え，「感銘を与える」働きが要求される。就職活動とは，企業に対し「自分をアピールすること」だということを常に念頭に置いておきたい。

Point

論文と作文の違い

	論　文	作　文
テーマ	学術的・社会的・国際的なテーマ。時事，経済問題など	個人的・主観的なテーマ。人生観，職業観など
表現	自分の意見や主張を明確に述べる。	自分の感想を述べる。
展開	四段型（起承転結）の展開が多い。	三段型（はじめに・本文・結び）の展開が多い。
文体	「だ調・である調」のスタイルが多い。	「です調・ます調」のスタイルが多い。

02 採点のポイント

・テーマ

与えられた課題（テーマ）を，受験者はどのように理解しているか。

出題されたテーマの意義をよく考え，それに対する自分の意見や感情が，十分に整理されているかどうか。

・表現力

課題について本人が感じたり，考えたりしたことを，文章で的確に表しているか。

・字・用語・その他

かなづかいや送りがなが合っているか，文中で引用されている格言やことわざの類が使用法を間違えていないか，さらに誤字・脱字に至るまで，文章の基本的な力が受験者の人柄ともからんで厳密に判定される。

・オリジナリティ

魅力がある文章とは，オリジナリティを率直に出すこと。自分の感情や意見を，自分の言葉で表現する。

・生活態度

文章は，書き手の人格や人柄を映し出す。平素の社会的関心や他人との協調性，趣味や読書傾向はどうであるかといった，受験者の日常における生き方，生活態度がみられる。

・字の上手・下手

できるだけ読みやすい字を書く努力をする。また，制限字数より文章が長くなって原稿用紙の上下や左右の空欄に書き足したりすることは避ける。消しゴムで消す場合にも，丁寧に。

いずれの場合でも，表面的な文章力を問うているのではなく，受験者の人柄のほうを重視している。

実践編 マナーチェックリスト

就活において企業の人事担当は，面接試験やOG／OB訪問，そして面接試験において，あなたのマナーや言葉遣いといった，「常識力」をチェックしている。現在の自分はどのくらい「常識力」が身についているかをチェックリストで振りかえり，何ができて，何ができていないかを明確にしたうえで，今後の取り組みに生かしていこう。

評価基準　5：大変良い　4：やや良い　3：どちらともいえない　2：やや悪い　1：悪い

	項　目	評　価	メ　モ
挨拶	明るい笑顔と声で挨拶をしているか		
	相手を見て挨拶をしているか		
	相手より先に挨拶をしているか		
	お辞儀を伴った挨拶をしているか		
	直接の応対者でなくても挨拶をしているか		
表情	笑顔で応対しているか		
	表情に私的感情がでていないか		
	話しかけやすい表情をしているか		
	相手の話は真剣な顔で聞いているか		
身だしなみ	前髪は目にかかっていないか		
	髪型は乱れていないか／長い髪はまとめているか		
	髭の剃り残しはないか／化粧は健康的か		
	服は汚れていないか／清潔に手入れされているか		
	機能的で職業・立場に相応しい服装をしているか		
	華美なアクセサリーはつけていないか		
	爪は伸びていないか		
	靴下の色は適当か／ストッキングの色は自然な肌色か		
	靴の手入れは行き届いているか		
	ポケットに物を詰めすぎていないか		

	項　目	評　価	メ　モ
言葉遣い	専門用語を使わず，相手にわかる言葉で話しているか		
	状況や相手に相応しい敬語を正しく使っているか		
	相手の聞き取りやすい音量・速度で話しているか		
	語尾まで丁寧に話しているか		
	気になる言葉癖はないか		
動作	物の授受は両手で丁寧に実施しているか		
	案内・指し示し動作は適切か		
	キビキビとした動作を心がけているか		
心構え	勤務時間・指定時間の5分前には準備が完了しているか		
	心身ともに健康管理をしているか		
	仕事とプライベートの切替えができているか		

☑ 常に自己点検をするクセをつけよう

「人を表情やしぐさ，身だしなみなどの見かけで判断してはいけない」と一般にいわれている。確かに，人の個性は見かけだけではなく，内面においても見いだされるもの。しかし，私たちは人を第一印象である程度決めてしまう傾向がある。それが面接試験など初対面の場合であればなおさらだ。したがって，チェックリストにあるような挨拶，表情，身だしなみ等に注意して面接試験に臨むことはとても重要だ。ただ，これらは面接試験前にちょっと対策したからといって身につくようなものではない。付け焼き刃的な対策をして面接試験に臨んでも，面接官はあっという間に見抜いてしまう。日頃からチェックリストにあるような項目を意識しながら行動することが大事であり，そうすることで，最初はぎこちない挨拶や表情等も，その人の個性に応じたすばらしい所作へ変わっていくことができるのだ。さっそく，本日から実行してみよう。

面接試験において，印象を決定づける表情はとても大事。

どのようにすれば感じのいい表情ができるのか，ポイントを確認していこう。

明るく,温和で 柔らかな表情をつくろう

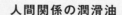

人間関係の潤滑油

表情に関しては，まずは豊かであるということがベースになってくる。うれしい表情，困った表情，驚いた表情など，さまざまな気持ちを表現できるということが，人間関係を潤いのあるものにしていく。

　　表情はコミュニケーションの大前提。相手に「いつでも話しかけてくださいね」という無言の言葉を発しているのが，就活に求められる表情だ。面接官が安心してコミュニケーションをとろうと思ってくれる表情。それが，明るく，温和で柔らかな表情となる。

いますぐデキる
カンタンTraining

Training 01

喜怒哀楽を表してみよう

- ・人との出会いを楽しいと思うことが表情の基本
- ・表情を豊かにする大前提は相手の気持ちに寄り添うこと
- ・目元・口元だけでなく，眉の動きを意識することが大事

Training 02

表情筋のストレッチをしよう

- ・表情筋は「ウイスキー」の発音によって鍛える
- ・意識して毎日，取り組んでみよう
- ・笑顔の共有によって相手との距離が縮まっていく

コミュニケーションは挨拶から始まり，その挨拶ひとつで印象は変わるもの。
ポイントを確認していこう。

丁寧にしっかりと
はっきり挨拶をしよう

人間関係の第一歩

挨拶は心を開いて，相手に近づくコミュニケーションの第一歩。たかが挨拶，されど挨拶の重要性をわきまえて，きちんとした挨拶をしよう。形，つまり "技" も大事だが，心をこめることが最も重要だ。

Point

　挨拶はコミュニケーションの第一歩。相手が挨拶するのを待っているのは望ましくない。挨拶の際のポイントは丁寧であることと，はっきり声に出すことの2つ。丁寧な挨拶は，相手を大事にして迎えている気持ちの表れとなる。はっきり声に出すことで，これもきちんと相手を迎えていることが伝わる。また，相手もその応答として挨拶してくれることで，会ってすぐに双方向のコミュニケーションが成立する。

いますぐデキる
カンタンTraining

Training 01

3つのお辞儀をマスターしよう

① 会釈（15度）　　　② 敬礼（30度）　　　③ 最敬礼（45度）

・息を吸うことを意識してお辞儀をするとキレイな姿勢に
・目線は真下ではなく，床前方1.5m先ぐらいを見よう
・相手への敬意を忘れずに

Training 02

対面時は言葉が先，お辞儀が後

・相手に体を向けて先に自ら挨拶をする
・挨拶時，相手とアイコンタクトを
　しっかり取ろう
・挨拶の後に，お辞儀をする。
　これを「語先後礼」という

コミュニケーションは「話す」よりも「聞く」ことといわれる。相手が話しやすい聞き方の，ポイントを確認しよう。

受容の立場で
傾聴しよう

相手の話を受けとめる

話を聞くときは，やや前に傾く姿勢をとる。表情と姿勢が合わさることにより，話し手の心が開き「あれも，これも話そう」という気持ちになっていく。また，「はい」と一度のお辞儀で頷くと相手の話を受け止めているというメッセージにつながる。

Point

　話をすること，話を聞いてもらうことは誰にとってもプレッシャーを伴うもの。そのため，「何でも話して良いんですよ」「何でも話を聞きますよ」「心配しなくて良いんですよ」という気持ちで聞くことが大切になる。その気持ちが聞く姿勢に表れれば，相手は安心して話してくれる。

カンタンTraining

Training **01**

頷きは一度で

・相手が話した後に「はい」と
　一言発する
・頷きすぎは逆効果

Training **02**

目線は自然に

・鼻の付け根あたりを見ると
　自然な印象に
・目を見つめすぎるのはＮＧ

Training **03**

話の句読点で視線を移す

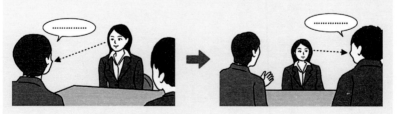

・視線は話している人を見ることが基本
・複数の人の話を聞くときは句読点を意識し，
　視線を振り分けることで聞く姿勢を表す

自分の意思を相手に明確に伝えるためには，話し方が重要となる。はっきりと的確に話すためのポイントを確認しよう。

明るい発声を
心がけよう

ボリュームを意識して

話すときのポイントとしては，ボリュームを意識することが挙げられる。会議室の一番奥にいる人に声が届くように意識することで，声のボリュームはコントロールされていく。

Point

　コミュニケーションとは「伝達」すること。どのようなことも，適当に伝えるのではなく，伝えるべきことがきちんと相手に届くことが大切になる。そのためには，はっきりと，分かりやすく，丁寧に，心を込めて話すこと。言葉だけでなく，表情やジェスチャーを加えることも有効。

いますぐデキる
カンタンTraining

Training 01
腹式呼吸で発声練習

- 「あえいうえおあお」と発声する
- 腹式呼吸は，胸部をなるべく動かさずに，息を吸うときにお腹や腰が膨らむよう意識する呼吸法

Training 02
早口言葉にチャレンジ

おあやや
母親に
お謝り

- 「おあやや，母親に，お謝り」と早口で
- 口がすぼまった「お」と口が開いた「あ」の発音に，変化をつけられるかがポイント

Training 03
ジェスチャーを有効活用

- 腰より上でジェスチャーをする
- 体から離した位置に手をもっていく
- ジェスチャーをしたら戻すところをさだめておく

身だしなみはその人自身を表すもの。身だしなみの基本について，ポイントを確認しよう。

清潔感,さわやかさを醸し出せるようにしよう

プロの企業人にふさわしい身だしなみを

信頼感，安心感をもたれる身だしなみを考えよう。TPOに合わせた服装は，すなわち"礼"を表している。そして，身だしなみには，「清潔感」，「品のよさ」，「控え目である」という，3つのポイントがある。

Point

相手との心理的な距離や物理的な距離が遠ければ，コミュニケーションは成立しにくくなる。見た目が不潔では誰も近付いてこない。身だしなみが清潔であること，爽やかであることは相手との距離を縮めることにも繋がる。

いますぐデキる
カンタンTraining

Training 01

髪型，服装を整えよう

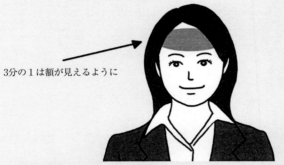

3分の1は額が見えるように

- 男性も女性も眉が見える髪型が望ましい。3分の1は額が見えるように。額は知性と清潔感を伝える場所。男性の髪の長さは耳や襟にかからないように
- スーツで相手の前に立つときは，ボタンはすべて留める。男性の場合は下のボタンは外す

Training 02

おしゃれとの違いを明確に

- 爪はできるだけ切りそろえる
- 爪の中の汚れにも注意
- ジェルネイル，ネイルアートはNG

Training 03

足元にも気を配って

- 女性の場合はパンプス，男性の場合は黒の紐靴が望ましい
- 靴はこまめに汚れを落とし見栄えよく

姿勢にはその人の意欲が反映される。前向き，活動的な姿勢を表すにはどうしたらよいか，ポイントを確認しよう。

前向き,活動的な姿勢を維持しよう

一直線と左右対称

正しい立ち姿として，耳，肩，腰，くるぶしを結んだ線が一直線に並んでいることが最大のポイントになる。そのラインが直線に近づくほど立ち姿がキレイに整っていることになる。また，"左右対称"というのもキレイな姿勢の要素のひとつになる。

Point

　姿勢は，身体と心の状態を反映するもの。そのため，良い姿勢でいることは，印象が清々しいだけでなく，健康で元気そうに見え，話しかけやすさにも繋がる。歩く姿勢，立つ姿勢，座る姿勢など，どの場面にも心身の健康状態が表れるもの。日頃から心身の健康状態に気を配り，フィジカルとメンタル両面の自己管理を心がけよう。

いますぐデキる
カンタンTraining

Training 01

キレイな歩き方を心がけよう

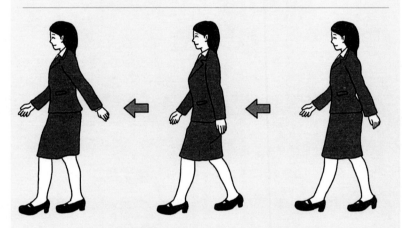

- 女性は1本の線上を，男性はそれよりも太い線上を沿うように歩く
- 一歩踏み出したときに前の足に体重を乗せるように，腰から動く
- 12時の方向につま先をもっていく

Training 02

前向きな気持ちを持とう

- 常に前向きな気持ちが姿勢を正す
- ポジティブ思考を心がけよう

言葉遣いの正しさはとは，場面にあった言葉を遣うということ。相手を気づかいながら，言葉を選ぶことで，より正しい言葉に近づいていく。

相手と場面に合わせた ふさわしい言葉遣いを

次の文は接客の場面でよくある間違えやすい敬語です。
それぞれの言い方は○×どちらでしょうか。

問1 「資料をご拝読いただきありがとうございます」

問2 「こちらのパンフレットはもういただかれましたか？」

問3 「恐れ入りますが，こちらの用紙にご記入してください」

問4 「申し訳ございませんが，来週，休ませていただきます」

問5 「先ほどの件，帰りましたら上司にご報告いたしますので」

Point

　ビジネスのシーンに敬語は欠くことができない。何度もやり取りをしていく中で，親しさの度合いによっては，あえてくだけた表現を用いることもあるが，「親しき仲にも礼儀あり」と言われるように，敬意や心づかいをおろそかにしてはいけないもの。相手に誤解されたり，相手の気分を壊すことのないように，相手や場面にふさわしい言葉遣いが大切になる。

解答と解説

問1 （×） ○正しい言い換え例

→「ご覧いただきありがとうございます」など

「拝読」は自分が「読む」意味の謙譲語なので，相手の行為に使うのは誤り。読むと見るは同義なため，多く，見るの尊敬語「ご覧になる」が用いられる。

問2 （×） ○正しい言い換え例

→「お持ちですか」「お渡ししましたでしょうか」 など

「いただく」は，食べる・飲む・もらうの謙譲語。「もらったかどうか」と聞きたいのだから，「おもらいになりましたか」と言えないこともないが，持っているかどうか，受け取ったかどうかという意味で「お持ちですか」などが使われることが多い。また，自分側が渡すような場合は，「お渡しする」を使って「お渡ししましたでしょうか」などの言い方に換えることもできる。

問3 （×） ○正しい言い換え例

→「恐れ入りますが，こちらの用紙にご記入ください」など

「ご記入する」の「お（ご）～する」は謙譲語の形。相手の行為を謙譲語で表すことになるため誤り。「して」を取り除いて「ご記入ください」か，和語に言い換えて「お書きください」とする。ほかにも「お書き／ご記入・いただけますでしょうか・願います」などの表現もある。

問4 （△）

有給休暇を取る場合や，弔事等で休むような場面で，用いられることも多い。「休ませていただく」ということで一見丁寧に響くが，「来週休むと自分で休みを決めている」という勝手な表現にも受け取られかねない言葉だ。ここは同じ「させていただく」を用いても，相手の都合をうかがう言い方に換えて「○○がございまして，申し訳ございませんが，休みをいただいてもよろしいでしょうか」などの言い換えが好ましい。

問5 （×）○正しい言い換え例

→「上司に報告いたします」

「ご報告いたします」は，ソトの人との会話で使うとするならば誤り。「ご報告いたします」の「お・ご～いたす」は，「お・ご～する」と「～いたす」という2つの敬語を含む言葉。そのうちの「お・ご～する」は，主語である自分を低めて相手＝上司を高める働きをもつ表現（謙譲語Ⅰ）。一方「～いたす」は，主語の私を低めて，話の聞き手に対して丁重に述べる働きをもつ表現（謙譲語Ⅱ　丁重語）。「お・ご～する」も「～いたす」も同じ謙譲語であるため紛らわしいが，主語を低める（謙譲）という働きは同じでも，行為の相手を高める働きがあるかないかという点に違いがあるといえる。

敬語は正しく使用することで，相手の印象を大きく変えることができる。尊敬語，謙譲語の区別をはっきりつけて，誤った用法で話すことのないように気をつけよう。

言葉の使い方がマナーを表す!

■よく使われる尊敬語の形　「言う・話す・説明する」の例

専用の尊敬語型	おっしゃる
～れる・～られる型	言われる・話される・説明される
お（ご）～になる型	お話しになる・ご説明になる
お（ご）～なさる型	お話しなさる・ご説明なさる

■よく使われる謙譲語の形　「言う・話す・説明する」の例

専用の謙譲語型	申す・申し上げる
お（ご）～する型	お話しする・ご説明する
お（ご）～いたす型	お話しいたします・ご説明いたします

Point

　同じ尊敬語・謙譲語でも，よく使われる代表的な形がある。ここではその一例をあげてみた。敬語の使い方に迷ったときなどは，まずはこの形を思い出すことで，大抵の語はこの型にはめ込むことができる。同じ言葉を用いたほうがよりわかりやすいといえるので，同義に使われる「言う・話す・説明する」を例に考えてみよう。

　ほかにも「お話しくださる」や「お話しいただく」「お元気でいらっしゃる」などの形もあるが，まずは表の中の形を見直そう。

■よく使う動詞の尊敬語・謙譲語
　なお，尊敬語の中の「言われる」などの「れる・られる」を付けた形は省力している。

基本	尊敬語（相手側）	謙譲語（自分側）
会う	お会いになる	お目にかかる・お会いする
言う	おっしゃる	申し上げる・申す
行く・来る	いらっしゃる おいでになる お見えになる お越しになる お出かけになる	伺う・参る お伺いする・参上する
いる	いらっしゃる・おいでになる	おる
思う	お思いになる	存じる
借りる	お借りになる	拝借する・お借りする
聞く	お聞きになる	拝聴する 拝聞する お伺いする・伺う お聞きする
知る	ご存じ（知っているという意で）	存じ上げる・存じる
する	なさる	いたす
食べる・飲む	召し上がる・お召し上がりになる お飲みになる	いただく・頂戴する
見る	ご覧になる	拝見する
読む	お読みになる	拝読する

「お伺いする」「お召し上がりになる」などは，「伺う」「召し上がる」自体が敬語なので
「二重敬語」ですが，慣習として定着しており間違いではないもの。

Point

　上記の「敬語表」は，よく使うと思われる動詞をそれぞれ尊敬語・謙譲語
で表したもの。このように大体の言葉は型にあてはめることができる。言
葉の中には「お（ご）」が付かないものもあるが，その場合でも「〜なさる」
を使って，「スピーチなさる」や「運営なさる」などと言うことができる。ま
た，表では，「言う」の尊敬語「言われる」の例は省いているが，れる・ら
れる型の「言われる」よりも「おっしゃる」「お話しになる」「お話しなさる」
などの言い方のほうが，より敬意も高く，言葉としても何となく響きが落ち
着くといった印象を受けるものとなる。

会話は相手があってのこと。いかなる場合でも，相手に対する心くばりを忘れないことが，会話をスムーズに進めるためのコツになる。

心くばりを添えるひと言で
言葉の印象が変わる!

　相手に何かを頼んだり，また相手の依頼を断ったり，相手の抗議に対して反論したりする場面では，いきなり自分の意見や用件を切り出すのではなく，場面に合わせて心くばりを伝えるひと言を添えてから本題に移ると，響きがやわらかくなり，こちらの意向も伝えやすくなる。俗にこれは「クッション言葉」と呼ばれている。（右表参照）

Point

　ビジネスの場面で，相手と話したり手紙やメールを送る際には，何か依頼事があってという場合が多いもの。その場合に「ちょっとお願いなんですが…」では，ふだんの会話と変わりがないものになってしまう。そこを「突然のお願いで恐れ入りますが」「急にご無理を申しまして」「こちらの勝手で恐縮に存じますが」「折り入ってお願いしたいことがございまして」などの一言を添えることで，直接的なきつい感じが和らぐだけでなく，「申し訳ないのだけれど，もしもそうしていただくことができればありがたい」という，相手への配慮や願いの気持ちがより強まる。このような前置きの言葉もうまく用いて，言葉に心くばりを添えよう。

相手の意向を尋ねる場合	「よろしければ」「お差し支えなければ」 「ご都合がよろしければ」「もしお時間がありましたら」 「もしお嫌いでなければ」「ご興味がおありでしたら」
相手に面倒を かけてしまうような場合	「お手数をおかけしますが」 「ご面倒をおかけしますが」 「お手を煩わせまして恐縮ですが」 「お忙しい時に申し訳ございませんが」 「お時間を割いていただき申し訳ありませんが」 「貴重なお時間を頂戴し恐縮ですが」
自分の都合を 述べるような場合	「こちらの勝手で恐縮ですが」 「こちらの都合（ばかり）で申し訳ないのですが」 「私どもの都合ばかりを申しまして，まことに申し訳なく存じますが」 「ご無理を申し上げまして恐縮ですが」
急な話をもちかけた場合	「突然のお願いで恐れ入りますが」 「急にご無理を申しまして」 「もっと早くにご相談申し上げるべきところでございましたが」 「差し迫ってのことでまことに申し訳ございませんが」
何度もお願いする場合	「たびたびお手数をおかけしまして恐縮に存じますが」 「重ね重ね恐縮に存じますが」 「何度もお手を煩わせまして申し訳ございませんが」 「ご面倒をおかけしてばかりで，まことに申し訳ございませんが」
難しいお願いをする場合	「ご無理を承知でお願いしたいのですが」 「たいへん申し上げにくいのですが」 「折り入ってお願いしたいことがございまして」
あまり親しくない相手に お願いする場合	「ぶしつけなお願いで恐縮ですが」 「ぶしつけながら」 「まことに厚かましいお願いでございますが」
相手の提案・誘いを断る場合	「申し訳ございませんが」 「（まことに）残念ながら」 「せっかくのご依頼ではございますが」 「たいへん恐縮ですが」 「身に余るお言葉ですが」 「まことに失礼とは存じますが」 「たいへん心苦しいのですが」 「お引き受けしたいのはやまやまですが」
問い合わせの場合	「つかぬことをうかがいますが」 「突然のお尋ねで恐縮ですが」

ここでは文章の書き方における，一般的な敬称について言及している。はがき，手紙，メール等，通信手段はさまざま。それぞれの特性をふまえて有効活用しよう。

相手の気持ちになって見やすく美しく書こう

■敬称のいろいろ

敬称	使う場面	例
様	職名・役職のない個人	（例）飯田知子様／ご担当者様／経理部長　佐藤一夫様
殿	職名・組織名・役職のある個人(公用文など)	（例）人事部長殿／教育委員会殿／田中四郎殿
先生	職名・役職のない個人	（例）松井裕子先生
御中	企業・団体・官公庁などの組織	（例）○○株式会社御中
各位	複数あてに同一文書を出すとき	（例）お客様各位／会員各位

Point

　封筒・はがきの表書き・裏書きは縦書きが基本だが，洋封筒で親しい人にあてる場合は，横書きでも問題ない。いずれにせよ，定まった位置に，丁寧な文字でバランス良く，正確に記すことが大切。特に相手の住所や名前を乱雑な文字で書くのは，配達の際の間違いを引き起こすだけでなく，受け取る側に不快な思いをさせる。相手の気持ちになって，見やすく美しく書くよう心がけよう。

■各通信手段の長所と短所

	長所	短所	用途
封書	・封を開けなければ本人以外の目に触れることがない。 ・丁寧な印象を受ける。	・多量の資料・画像送付には不向き。 ・相手に届くまで時間がかかる。	・儀礼的な文書(礼状・わび状など) ・目上の人あての文書 ・重要な書類 ・他人に内容を読まれたくない文書
はがき・カード	・封書よりも気軽にやり取りできる。 ・年賀状や季節の便り，旅先からの連絡など絵はがきとしても楽しむことができる。	・封に入っていないため，第三者の目に触れることがある。 ・中身が見えるので，改まった礼状やわび状，こみ入った内容には不向き。 ・相手に届くまで時間がかかる。	・通知状　　　・案内状 ・送り状　　　・旅先からの便り ・各種お祝い　・お礼 ・季節の挨拶
FAX	・手書きの図やイラストを文章といっしょに送れる。 ・すぐに届く。 ・控えが手元に残る。	・多量の資料の送付には不向き。 ・事務的な用途で使われることが多く，改まった内容の文書，初対面の人へは不向き。	・地図，イラストの入った文書 ・印刷物（本・雑誌など）
電話	・急ぎの連絡に便利。 ・相手の反応をすぐに確認できる。 ・直接声が聞けるので，安心感がある。	・連絡できる時間帯が制限される。 ・長々としたこみ入った内容は伝えづらい。	・緊急の用件 ・確実に用件を伝えたいとき
メール	・瞬時に届く。　　・控えが残る。 ・コストが安い。 ・大容量の資料や画像をデータで送ることができる。 ・一度に大勢の人に送ることができる。 ・相手の居所や状況を気にせず送れる。	・事務的な印象を与えるので，改まった礼状やわび状には不向き。 ・パソコンや携帯電話を持っていない人には送れない。 ・ウィルスなどへの対応が必要。	・データで送りたいとき ・ビジネス上の連絡

Point

　はがきは手軽で便利だが，おわびやお願い，格式を重んじる手紙には不向きとなる。この種の手紙は内容もこみ入ったものとなり，加えて丁寧な文章で書かなければならないので，数行で済むことはまず考えられない。また，封筒に入っていないため，他人の目に触れるという難点もある。このように，はがきにも長所と短所があるため，使う場面や相手によって，他の通信手段と使い分けることが必要となる。

　はがき以外にも，封書・電話・FAX・メールなど，現代ではさまざまな通信手段がある。上に示したように，それぞれ長所と短所があるので，特徴を知って用途によって上手に使い分けよう。

社会人のマナーとして，電話応対のスキルは必要不可欠。まずは失礼なく電話に出ることからはじめよう。積極性が重要だ。

相手の顔が見えない分
対応には細心の注意を

■電話をかける場合

①　○○先生に電話をする

×「私，□□社の××と言いますが，○○様はおられますでしょうか？」
○「**××と申しますが，○○様はいらっしゃいますか？**」

「おられますか」は「おる」を謙譲語として使うため，通常は相手がいるかどうかに関しては，「いらっしゃる」を使うのが一般的。

②　相手の状況を確かめる

×「こんにちは，××です，先日のですね…」
○「**××です，先日は有り難うございました，今お時間よろしいでしょうか？**」

相手が忙しくないかどうか，状況を聞いてから話を始めるのがマナー。また，やむを得ず夜間や早朝，休日などに電話をかける際は，「夜分（朝早く）に申し訳ございません」「お休みのところ恐れ入ります」などのお詫びの言葉もひと言添えて話す。

③　相手が不在，何時ごろ戻るかを聞く場合

×「戻りは何時ごろですか？」
○「**何時ごろお戻りになりますでしょうか？**」

「戻り」はそのままの言い方，相手にはきちんと尊敬語を使う。

④　また自分からかけることを伝える

×「そうですか，ではまたかけますので」
○「**それではまた後ほど（改めて）お電話させていただきます**」

戻る時間がわかる場合は，「またお戻りになりましたころにでも」「また午後にでも」などの表現もできる。

①　電話を取ったら

× 「はい，もしもし，○○（社名）ですが」

○ **「はい，○○（社名）でございます」**

②　相手の名前を聞いて

× 「どうも，どうも」

○ **「いつもお世話になっております」**

　あいさつ言葉として定着している決まり文句ではあるが，日頃のお付き合いがあってこそ。あいさつ言葉もきちんと述べよう。「お世話様」という言葉も時折耳にするが，敬意が軽い言い方となる。適切な言葉を使い分けよう。

③　相手が名乗らない

× 「どなたですか？」「どちらさまですか？」

○ **「失礼ですが，お名前をうかがってもよろしいでしょうか？」**

名乗るのが基本だが，尋ねる態度も失礼にならないように適切な応対を心がけよう。

④　電話番号や住所を教えてほしいと言われた場合

× 「はい，いいでしょうか？」　　× 「メモのご用意は？」

○ **「はい，申し上げます，よろしいでしょうか？」**

「メモのご用意は？」は，一見親切なようにも聞こえるが，尋ねる相手も用意していることがほとんど。押し付けがましくならない程度に。

⑤　上司への取次を頼まれた場合

× 「はい，今代わります」　　× 「○○部長ですね，お待ちください」

○ **「部長の○○でございますね，ただいま代わりますので，少々お待ちくださいませ」**

　○○部長という表現は，相手側の言い方となる。自分側を述べる場合は，「部長の○○」「○○」が適切。

Point

自分から電話をかける場合は，まずは自分の会社名や氏名を名乗るのがマナー。たとえ目的の相手が直接出た場合でも，電話では相手の様子が見えないことがほとんど。自分の勝手な判断で話し始めるのではなく，相手の都合を伺い，そのうえで話を始めるのが社会人として必要な気配りとなる。

デキるオトナをアピール

時候の挨拶

月	漢語調の表現 候, みぎりなどを付けて用いられます	口語調の表現
1月 (睦月)	初春・新春 頌春・小寒・大寒・厳寒	皆様におかれましては，よき初春をお迎えのことと存じます／厳しい寒さが続いております／珍しく暖かな寒の入りとなりました／大寒という言葉通りの厳しい寒さでございます
2月 (如月)	春寒・余寒・残雪・立春・梅花・向春	立春とは名ばかりの寒さ厳しい毎日でございます／梅の花もちらほらとふくらみ始め，春の訪れを感じる今日この頃です／春の訪れが待ち遠しいこのごろでございます
3月 (弥生)	早春・浅春・春寒・春分・春暖	寒さもようやくゆるみ，日ましに春めいてまいりました／ひと雨ごとに春めいてまいりました／日増しに暖かさが加わってまいりました
4月 (卯月)	春暖・陽春・桜花・桜花爛漫	桜花爛漫の季節を迎えました／春光うららかな好季節となりました／花冷えとでも申しましょうか，何だか肌寒い日が続いております
5月 (皐月)	新緑・薫風・惜春・晩春・立夏・若葉	風薫るさわやかな季節を迎えました／木々の緑が目にまぶしいようでございます／目に青葉，山ほととぎす，初鰹の句も思い出される季節となりました
6月 (水無月)	梅雨・向暑・初夏・薄暑・麦秋	初夏の風もさわやかな毎日でございます／梅雨前線が近づいてまいりました／梅雨の晴れ間にのぞく青空は，まさに夏を思わせるようです
7月 (文月)	盛夏・大暑・炎暑・酷暑・猛暑	梅雨が明けたとたん，うだるような暑さが続いております／長い梅雨も明け，いよいよ本格的な夏がやってまいりました／風鈴の音がわずかに涼を運んでくれているようです
8月 (葉月)	残暑・晩夏・処暑・秋暑	立秋とはほんとうに名ばかりの厳しい暑さの毎日です／残暑たえがたい毎日でございます／朝夕はいくらかしのぎやすくなってまいりました
9月 (長月)	初秋・新秋・爽秋・新涼・清涼	九月に入りましてもなお，日差しの強い毎日です／暑さもやっとおとろえはじめたようでございます／残暑も去り，ずいぶんとしのぎやすくなってまいりました
10月 (神無月)	清秋・錦秋・秋涼・秋冷・寒露	秋風もさわやかな過ごしやすい季節となりました／街路樹の葉も日ごとに色を増しております／紅葉の便りの聞かれるころとなりました／秋深く，日増しに冷気も加わってまいりました
11月 (霜月)	晩秋・暮秋・霜降・初霜・向寒	立冬を迎え，まさに冬到来を感じる寒さです／木枯らしの季節になりました／日ごとに冷気が増すようでございます／朝夕はひときわ冷え込むようになりました
12月 (師走)	寒冷・初冬・師走・歳晩	師走を迎え，何かと慌ただしい日々をお過ごしのことと存じます／年の瀬も押しつまり，何かとお忙しくお過ごしのことと存じます／今年も残すところわずかとなりました，お忙しい毎日とお察しいたします

シチュエーション別会話例

シチュエーション1　取引先との会話

「非常に素晴らしいお話で感心しました」→NG！

「感心する」は相手の立派な行為や，優れた技量などに心を動かされるという意味。意味としては間違いではないが，目上の人に用いると，偉そうに聞こえかねない表現。「感動しました」などに言い換えるほうが好ましい。

シチュエーション2　子どもとの会話

「お母さんは，明日はいますか？」→NG！

たとえ子どもとの会話でも，子どもの年齢によっては，ある程度の敬語を使うほうが好ましい。「明日はいらっしゃいますか」では，むずかしすぎると感じるならば，「お出かけですか」などと表現することもできる。

シチュエーション3　同僚との会話

「今，お暇ですか」→NG？

同じ立場同士なので，暇に「お」が付いた形で「お暇」ぐらいでも構わないともいえるが，「暇」というのは，するべきことも何もない時間という意味。そのため「お暇ですか」では，あまりにも直接的になってしまう。その意味では「手が空いている」→「空いていらっしゃる」→「お手透き」などに言い換えることで，やわらかく敬意も含んだ表現になる。

シチュエーション4　上司との会話

「なるほどですね」→NG！

「なるほど」とは，相手の言葉を受けて，自分も同意見であることを表すため，相手の言葉・意見を自分が評価するというニュアンスも含まれている。そのため自分が評価して述べているという偉そうな表現にもなりかねない。同じ同意ならば，頷き「おっしゃる通りです」などの言葉のほうが誤解なく伝わる。

就活スケジュールシート

■年間スケジュールシート

1月	2月	3月	4月	5月	6月
企業関連スケジュール					
自己の行動計画					

就職活動をすすめるうえで，当然重要になってくるのは，自己のスケジュール管理だ。企業の選考スケジュールを把握することも大切だが，自分のペースで進めることになる自己分析や業界・企業研究，面接試験のトレーニング等の計画を立てることも忘れてはいけない。スケジュールシートに「記入」する作業を通して，短期・長期の両方の面から就職試験を考えるきっかけにしよう。

7月	8月	9月	10月	11月	12月
企業関連スケジュール					
自己の行動計画					

第4章

SPI対策

ほとんどの企業では，基本的な資質や能力を見極めるため適性検査を実施しており，現在最も使われているのがリクルートが開発した「SPI」である。

テストの内容は，「言語能力」「非言語能力」「性格」の３つに分かれている。その人がどんな人物で，どんな仕事で力を発揮しやすいのか，また，どんな組織になじみやすいかなどを把握するために行われる。

この章では，SPIの「言語能力」及び「非言語能力」の分野で，頻出内容を絞って，演習問題を構成している。演習問題に複数回チャレンジし，解説をしっかりと熟読して，学習効果を高めよう。

SPI 対策

●SPIとは

　SPIは，Synthetic Personality Inventory の略称で，株式会社リクルートが開発・販売を行っている就職採用向けのテストである。昭和49年から提供が始まり，平成14年と平成25年の2回改訂が行われ，現在はSPI3が最新になる。

　SPIは，応募者の仕事に対する適性，職業の適性能力，興味や関心を見極めるのに適しており，現在の就職採用テストでは主流となっている。

　SPIは，「知的能力検査」と「性格検査」の2領域にわけて測定され，知的能力検査は「言語能力検査（国語）」と「非言語能力検査（数学）」に分かれている。オプション検査として，「英語（ENG）検査」を実施することもある。性格適性検査では，性格を細かく分析するために，非常に多くの質問が出される。SPIの性格適性検査では，正式な回答はなく，全ての質問に正直に答えることが重要である。

　本章では，その中から，「言語能力検査」と「非言語能力検査」に絞って収録している。

●SPIを利用する企業の目的

　①：志望者から人数を絞る

　一部上場企業にもなると，数万単位の希望者が応募してくる。基本的な資質能力や会社への適性能力を見極めるため，SPIを使って，人数の絞り込みを行う。

　②：知的能力を見極める

　SPIは，応募者1人1人の基本的な知的能力を比較することができ，それによって，受検者の相対的な知的能力を見極めることが可能になる。

　③：性格をチェックする

　その職種に対する適性があるが，300程度の簡単な質問によって発想力やパーソナリティを見ていく。性格検査なので，正解というものはなく，正直に回答していくことが重要である。

●SPIの受検形式

SPIは，企業の会社説明会や会場で実施される「ペーパーテスト形式」と，パソコンを使った「テストセンター形式」とがある。

近年，ペーパーテスト形式は減少しており，ほとんどの企業が，パソコンを使ったテストセンター形式を採用している。志望する企業がどのようなテストを採用しているか，早めに確認し，対策を立てておくこと。

●SPIの出題形式

SPIは，言語分野，非言語分野，英語（ENG），性格適性検査に出題形式が分かれている。

科目	出題範囲・内容
言語分野	二語の関係，語句の意味，語句の用法，文の並び換え，空欄補充，熟語の成り立ち，文節の並び換え，長文読解　等
非言語分野	推論，場合の数，確率，集合，損益算，速度算，表の読み取り，資料の読み取り，長文読み取り　等
英語（ENG）	同意語，反意語，空欄補充，英英辞書，誤文訂正，和文英訳，長文読解　等
性格適性検査	質問：300問程度　時間：約35分

●受検対策

本章では，出題が予想される問題を厳選して収録している。問題と解答だけではなく，詳細な解説も収録しているので，分からないところは複数回問題を解いてみよう。

言語分野

二語関係

同音異義語

●あいせき

哀惜　死を悲しみ惜しむこと

愛惜　惜しみ大切にすること

●いぎ

意義　意味・内容・価値

異議　他人と違う意見

威儀　いかめしい挙動

異義　異なった意味

●いし

意志　何かをする積極的な気持ち

意思　しようとする思い・考え

●いどう

異同　異なり・違い・差

移動　場所を移ること

異動　地位・勤務の変更

●かいこ

懐古　昔を懐かしく思うこと

回顧　過去を振り返ること

解雇　仕事を辞めさせること

●かいてい

改訂　内容を改め直すこと

改定　改めて定めること

●かんしん

関心　気にかかること

感心　心に強く感じること

歓心　嬉しいと思う心

寒心　肝を冷やすこと

●きてい

規定　規則・定め

規程　官公庁などの規則

●けんとう

見当　だいたいの推測・判断・
　　　めあて

検討　調べ究めること

●こうてい

工程　作業の順序

行程　距離・みちのり

●じき

直　　すぐに

時期　時・折り・季節

時季　季節・時節

時機　適切な機会

●しゅし

趣旨　趣意・理由・目的

主旨　中心的な意味

●たいけい

体型　人の体格

体形　人や動物の形態

体系　ある原理に基づき個々のも
　　　のを統一したもの

大系　系統立ててまとめた叢書

●たいしょう

対象	行為や活動が向けられる相手	煩雑	煩わしく込み入ること
対称	対応する位置にあること	●ほしょう	
対照	他のものと照らし合わせること	保障	保護して守ること
●たんせい		保証	確かだと請け合うこと
端正	人の行状が正しくきちんとしているさま	補償	損害を補い償うこと
端整	人の容姿が整っているさま	●むち	
●はんざつ		無知	知識・学問がないこと
繁雑	ごたごたと込み入ること	無恥	恥を知らないこと
		●ようけん	
		要件	必要なこと
		用件	なすべき仕事

同訓漢字

●あう
合う…好みに合う。答えが合う。
会う…客人と会う。立ち会う。
遭う…事故に遭う。盗難に遭う。

●あげる
上げる…プレゼントを上げる。効果を上げる。
挙げる…手を挙げる。全力を挙げる。
揚げる…凧を揚げる。てんぷらを揚げる。

●あつい
暑い…夏は暑い。暑い部屋。
熱い…熱いお湯。熱い視線を送る。
厚い…厚い紙。面の皮が厚い。
篤い…志の篤い人。篤い信仰。

●うつす
写す…写真を写す。文章を写す。
映す…映画をスクリーンに映す。鏡に姿を映す。

●おかす
冒す…危険を冒す。病に冒された人。
犯す…犯罪を犯す。法律を犯す。
侵す…領空を侵す。プライバシーを侵す。

●おさめる
治める…領地を治める。水を治める。
収める…利益を収める。争いを収める。
修める…学問を修める。身を修める。
納める…税金を納める。品物を納める。

●かえる
変える…世界を変える。性格を変える。
代える…役割を代える。背に腹は代えられぬ。

替える…円をドルに替える。服を
　　　　替える。

●きく

聞く…うわさ話を聞く。明日の天
　　　　気を聞く。

聴く…音楽を聴く。講義を聴く。

●しめる

閉める…門を閉める。ドアを閉め
　　　　る。

締める…ネクタイを締める。気を
　　　　引き締める。

絞める…首を絞める。絞め技をか
　　　　ける。

●すすめる

進める…足を進める。話を進める。

勧める…縁談を勧める。加入を勧
　　　　める。

薦める…生徒会長に薦める。

●つく

付く…傷が付いた眼鏡。気が付く。

着く…待ち合わせ場所の公園に着
　　　　く。地に足が着く。

就く…仕事に就く。外野の守備に
　　　　就く。

●つとめる

務める…日本代表を務める。主役
　　　　を務める。

努める…問題解決に努める。療養
　　　　に努める。

勤める…大学に勤める。会社に勤
　　　　める。

●のぞむ

望む…自分の望んだ夢を追いかけ
　　　　る。

臨む…記者会見に臨む。決勝に臨
　　　　む。

●はかる

計る…時間を計る。将来を計る。

測る…飛行距離を測る。水深を測
　　　　る。

●みる

見る…月を見る。ライオンを見る。

診る…患者を診る。脈を診る。

演習問題

1　カタカナで記した部分の漢字として適切なものはどれか。

　1　手続きがハンザツだ　　　　　　【汎雑】
　2　誤りをカンカすることはできない　【観過】
　3　ゲキヤクなので取扱いに注意する　【激薬】
　4　クジュウに満ちた選択だった　　　【苦重】
　5　キセイの基準に従う　　　　　　　【既成】

2 下線部の漢字として適切なものはどれか。

家で飼っている熱帯魚を<u>かんしょう</u>する。

1　干渉
2　観賞
3　感傷
4　勧奨
5　鑑賞

3 下線部の漢字として適切なものはどれか。

彼に責任を<u>ついきゅう</u>する。

1　追窮
2　追究
3　追給
4　追求
5　追及

4 下線部の語句について，両方とも正しい表記をしているものはどれか。

1　私と母とは<u>相生</u>がいい。　・この歌を<u>愛唱</u>している。
2　それは<u>規成</u>の事実である。　・<u>既製品</u>を買ってくる。
3　同音<u>異義語</u>を見つける。　・会議で<u>意議</u>を申し立てる。
4　選挙の<u>大勢</u>が決まる。　・作曲家として<u>大成</u>する。
5　<u>無常</u>の喜びを味わう。　・<u>無情</u>にも雨が降る。

5 下線部の漢字として適切なものはどれか。

彼の体調は<u>かいほう</u>に向かっている。

1　介抱
2　快方
3　解放
4　回報
5　開放

◯◯◯解答・解説◯◯◯

1 5

解説 1 「煩雑」が正しい。「汎」は「汎用(はんよう)」などと使う。 2 「看過」が正しい。「観」は「観光」や「観察」などと使う。 3 「劇薬」が正しい。「少量の使用であってもはげしい作用のするもの」という意味であるが「激」を使わないことに注意する。 4 「苦渋」が正しい。苦しみ悩むという意味で，「苦悩」と同意であると考えてよい。 5 「既成概念」などと使う場合もある。同音で「既製」という言葉があるが，これは「既製服」や「既製品」という言葉で用いる。

2 2

解説 同音異義語や同訓異字の問題は，その漢字を知っているだけでは対処できない。「植物や魚などの美しいものを見て楽しむ」場合は「観賞」を用いる。なお，「芸術作品」に関する場合は「鑑賞」を用いる。

3 5

解説 「ついきゅう」は，特に「追究」「追求」「追及」が頻出である。「追究」は「あることについて徹底的に明らかにしようとすること」，「追求」は「あるものを手に入れようとすること」，「追及」は「後から厳しく調べること」という意味である。ここでは，「責任」という言葉の後にあるので，「厳しく」という意味が含まれている「追及」が適切である。

4 4

解説 1の「相生」は「相性」，2の「規成」は「既成」，3の「意議」は「異議」，5の「無常」は「無上」が正しい。

5 2

解説 「快方」は「よい方向に向かっている」という意味である。なお，1は病気の人の世話をすること，3は束縛を解いて自由にすること，4は複数人で回し読む文書，5は出入り自由として開け放つ，の意味。

四字熟語

□曖昧模糊　あいまいもこ―はっきりしないこと。

□阿鼻叫喚　あびきょうかん―苦しみに耐えられないで泣き叫ぶこと。はなはだしい惨状を形容する語。

□暗中模索　あんちゅうもさく―暗闇で手さぐりでものを探すこと。様子がつかめずどうすればよいかわからないままやってみること。

□以心伝心　いしんでんしん―無言のうちに心から心に意思が通じ合うこと。

□一言居士　いちげんこじ―何事についても自分の意見を言わなければ気のすまない人。

□一期一会　いちごいちえ―一生のうち一度だけの機会。

□一日千秋　いちじつせんしゅう―一日会わなければ千年も会わないように感じられることから、一日が非常に長く感じられること。

□一念発起　いちねんほっき―決心して信仰の道に入ること。転じてある事を成就させるために決心すること。

□一網打尽　いちもうだじん―一網打つだけで多くの魚を捕らえることから、一度に全部捕らえること。

□一攫千金　いっかくせんきん―一時にたやすく莫大な利益を得ること。

□一挙両得　いっきょりょうとく―一つの行動で二つの利益を得ること。

□意馬心猿　いばしんえん―馬が走り、猿が騒ぐのを抑制できないことにたとえ、煩悩や欲望の抑えられないさま。

□意味深長　いみしんちょう―意味が深く含蓄のあること。

□因果応報　いんがおうほう―よい行いにはよい報いが、悪い行いには悪い報いがあり、因と果とは相応じるものであるということ。

□慇懃無礼　いんぎんぶれい―うわべはあくまでも丁寧だが、実は尊大であること。

□有為転変　ういてんぺん―世の中の物事の移りやすくはかない様子のこと。

□右往左往　うおうさおう―多くの人が秩序もなく動き、あっちへ行ったりこっちへ来たり、混乱すること。

□右顧左眄　うこさべん―右を見たり，左を見たり，周囲の様子ばかりうかがっていて決断しないこと。

□有象無象　うぞうむぞう―世の中の無形有形の一切のもの。たくさん集まったつまらない人々。

□海千山千　うみせんやません―経験を積み，その世界の裏まで知り抜いている老獪な人。

□紆余曲折　うよきょくせつ―まがりくねっていること。事情が込み入って，状況がいろいろ変化すること。

□雲散霧消　うんさんむしょう―雲や霧が消えるように，あとかたもなく消えること。

□栄枯盛衰　えいこせいすい―草木が繁り，枯れていくように，盛んになったり衰えたりすること。世の中の浮き沈みのこと。

□栄耀栄華　えいようえいが―権力や富貴をきわめ，おごりたかぶること。

□会者定離　えしゃじょうり―会う者は必ず離れる運命をもつということ。人生の無常を説いたことば。

□岡目八目　おかめはちもく―局外に立ち，第三者の立場で物事を観察すると，その是非や損失がよくわかるということ。

□温故知新　おんこちしん―古い事柄を究め新しい知識や見解を得ること。

□臥薪嘗胆　がしんしょうたん―たきぎの中に寝，きもをなめる意で，目的を達成するのために苦心，苦労を重ねること。

□花鳥風月　かちょうふうげつ―自然界の美しい風景，風雅のこころ。

□我田引水　がでんいんすい―自分の利益となるように発言したり行動したりすること。

□画竜点睛　がりょうてんせい―竜を描いて最後にひとみを描き加えたところ，天に上ったという故事から，物事を完成させるために最後に付け加える大切な仕上げ。

□夏炉冬扇　かろとうせん―夏の火鉢，冬の扇のようにその場に必要のない事物。

□危急存亡　ききゅうそんぼう―危機が迫ってこのまま生き残れるか滅びるかの瀬戸際。

□疑心暗鬼　ぎしんあんき―心の疑いが妄想を引き起こして実際にはいない鬼の姿が見えるようになることから，疑心が起こると何で

もないことまで恐ろしくなること。
- □玉石混交　ぎょくせきこんこう―すぐれたものとそうでないものが入り混じっていること。
- □荒唐無稽　こうとうむけい―言葉や考えによりどころがなく，とりとめもないこと。
- □五里霧中　ごりむちゅう―迷って考えの定まらないこと。
- □針小棒大　しんしょうぼうだい―物事を大袈裟にいうこと。
- □大同小異　だいどうしょうい―細部は異なっているが総体的には同じであること。
- □馬耳東風　ばじとうふう―人の意見や批評を全く気にかけず聞き流すこと。
- □波瀾万丈　はらんばんじょう―さまざまな事件が次々と起き，変化に富むこと。
- □付和雷同　ふわらいどう――一定の見識がなくただ人の説にわけもなく賛同すること。
- □粉骨砕身　ふんこつさいしん―力の限り努力すること。
- □羊頭狗肉　ようとうくにく―外見は立派だが内容がともなわないこと。
- □竜頭蛇尾　りゅうとうだび―初めは勢いがさかんだが最後はふるわないこと。
- □臨機応変　りんきおうへん―時と場所に応じて適当な処置をとること。

演習問題

1　「海千山千」の意味として適切なものはどれか。
1　様々な経験を積み，世間の表裏を知り尽くしてずる賢いこと
2　今までに例がなく，これからもあり得ないような非常に珍しいこと
3　人をだまし丸め込む手段や技巧のこと
4　一人で千人の敵を相手にできるほど強いこと
5　広くて果てしないこと

2 四字熟語として適切なものはどれか。
 1 竜頭堕尾
 2 沈思黙考
 3 孟母断危
 4 理路正然
 5 猪突猛伸

3 四字熟語の漢字の使い方がすべて正しいものはどれか。
 1 純真無垢　　青天白日　　疑心暗鬼
 2 短刀直入　　自我自賛　　危機一髪
 3 厚顔無知　　思考錯誤　　言語同断
 4 異句同音　　一鳥一石　　好機当来
 5 意味深長　　興味深々　　五里霧中

4 「一蓮托生」の意味として適切なものはどれか。
 1 一味の者を一度で全部つかまえること。
 2 物事が順調に進行すること。
 3 ほかの事に注意をそらさず，一つの事に心を集中させているさま。
 4 善くても悪くても行動・運命をともにすること。
 5 妥当なものはない。

5 故事成語の意味で適切なものはどれか。
 「塞翁(さいおう)が馬」
 1 たいして差がない
 2 幸不幸は予測できない
 3 肝心なものが欠けている
 4 実行してみれば意外と簡単
 5 努力がすべてむだに終わる

○○○解答・解説○○○

1 1

解説　2は「空前絶後」，3は「手練手管」，4は「一騎当千」，5は「広大無辺」である。

2 2

解説　2の沈思黙考は，「思いにしずむこと。深く考えこむこと。」の意味である。なお，1は竜頭蛇尾（始めは勢いが盛んでも，終わりにはふるわないこと），3は孟母断機（孟子の母が織りかけの織布を断って，学問を中途でやめれば，この断機と同じであると戒めた譬え），4は理路整然（話や議論の筋道が整っていること），5は猪突猛進（いのししのように向こう見ずに一直線に進むこと）が正しい。

3 1

解説　2は「単刀直入」「自画自賛」，3は「厚顔無恥」「試行錯誤」「言語道断」，4は「異口同音」「一朝一夕」「好機到来」，5は「興味津々」が正しい。四字熟語の意味を理解する際，どのような字で書かれているかを意識するとよい。

4 4

解説　「一蓮托生」は，よい行いをした者は天国に行き，同じ蓮の花の上に生まれ変わるという仏教の教えから，「（ことの善悪にかかわらず）仲間として行動や運命をともにすること」をいう。

5 2

解説　「塞翁が馬」は「人間万事塞翁が馬」と表す場合もある。1は「五十歩百歩」，3は「画竜点睛に欠く」，4は「案ずるより産むが易し」，5は「水泡に帰する」の故事成語の意味である。

文法

Ⅰ　品詞の種類

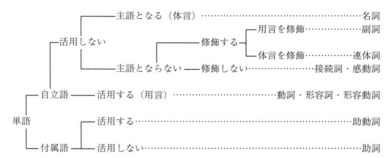

Ⅱ　動詞の活用形

活用	基本	語幹	未然	連用	終止	連体	仮定	命令
五段	読む	読	ま　も	み	む	む	め	め
上一段	見る	見	み	み	みる	みる	みれ	みよ
下一段	捨てる	捨	て	て	てる	てる	てれ	てよ てろ
カ変	来る	来	こ	き	くる	くる	くれ	こい
サ変	する	す	さ　し せ	し	する	する	すれ	せよ しろ
	主な接続語		ナイ ウ・ ヨウ	マス テ・タ	言い 切る	コト トキ	バ	命令

Ⅲ　形容詞の活用形

基本	語幹	未然	連用	終止	連体	仮定	命令
美しい	うつく し	かろ	かっ く	い	い	けれ	○
主な用法		ウ	ナル タ	言い 切る	体言	バ	

Ⅳ　形容動詞の活用形

基本	語幹	未然	連用	終止	連体	仮定	命令
静かだ	静か	だろ	だっ　で に	だ	な	なら	○
主な用法		ウ	タ アル ナル	言い 切る	体言	バ	

V　文の成分

主語・述語の関係………花が ― 咲いた。
修飾・被修飾の関係……きれいな ― 花。
接続の関係………………花が咲いた<u>ので</u>，花見をした。
並立の関係………………<u>赤い花</u>と<u>白い花</u>。
補助の関係………………花が<u>咲いている</u>。（二文節で述語となっている）

〈副詞〉自立語で活用せず，単独で文節を作り，多く連用修飾語を作る。

状態を表すもの…………ついに・さっそく・しばらく・ぴったり・すっかり

程度を表すもの…………もっと・すこし・ずいぶん・ちょっと・ずっと

陳述の副詞………………決して〜ない・なぜ〜か・たぶん〜だろう・もし〜ば

〈助動詞〉付属語で活用し，主として用言や他の助動詞について意味を添える。

① 使役……せる・させる（学校に行か<u>せる</u>　服を着<u>させる</u>）
② 受身……れる・られる（先生に怒ら<u>れる</u>　人に見<u>られる</u>）
③ 可能……れる・られる（歩いて行か<u>れる</u>距離　まだ着<u>られる</u>服）
④ 自発……れる・られる（ふと思い出さ<u>れる</u>　容態が案じ<u>られる</u>）
⑤ 尊敬……れる・られる（先生が話さ<u>れる</u>　先生が来<u>られる</u>）
⑥ 過去・完了……た（話を聞い<u>た</u>　公園で遊ん<u>だ</u>）
⑦ 打消……ない・ぬ（僕は知ら<u>ない</u>　知ら<u>ぬ</u>存ぜ<u>ぬ</u>）
⑧ 推量……だろう・そうだ（晴れる<u>だろう</u>　晴れ<u>そうだ</u>）
⑨ 意志……う・よう（旅行に行こ<u>う</u>　彼女に告白し<u>よう</u>）
⑩ 様態……そうだ（雨が降り<u>そうだ</u>）
⑪ 希望……たい・たがる（いっぱい遊び<u>たい</u>　おもちゃを欲し<u>がる</u>）
⑫ 断定……だ（悪いのは相手の方<u>だ</u>）
⑬ 伝聞……そうだ（試験に合格した<u>そうだ</u>）
⑭ 推定……らしい（明日は雨<u>らしい</u>）
⑮ 丁寧……です・ます（それはわたし<u>です</u>　ここにあり<u>ます</u>）
⑯ 打消推量・打消意志……まい（そんなことはある<u>まい</u>　けっして言う<u>まい</u>）

〈助詞〉付属語で活用せず，ある語について，その語と他の語との関係を補助したり，意味を添えたりする。

① 格助詞……主として体言に付き，その語と他の語の関係を示す。

→が・の・を・に・へ・と・から・より・で・や

② 副助詞……いろいろな語に付いて，意味を添える。

→は・も・か・こそ・さえ・でも・しか・まで・ばかり・だけ・など

③ 接続助詞……用言・活用語に付いて，上と下の文節を続ける。

→ば・けれども・が・のに・ので・ても・から・たり・ながら

④ 終助詞……文末（もしくは文節の切れ目）に付いて意味を添える。

→なあ（感動）・よ（念押し）・な（禁止）・か（疑問）・ね（念押し）

演習問題

1 次のア〜オのうち，下線部の表現が適切でないものはどれか。

1 彼はいつもまわりに愛嬌をふりまいて，場を和やかにしてくれる。

2 的を射た説明によって，よく理解することができた。

3 舌先三寸で人をまるめこむのではなく，誠実に説明する。

4 この重要な役目は，彼女に白羽の矢が当てられた。

5 二の舞を演じないように，失敗から学ばなくてはならない。

2 次の文について，言葉の用法として適切なものはどれか。

1 矢折れ刀尽きるまで戦う。

2 ヘルプデスクに電話したが「分かりません」と繰り返すだけで取り付く暇もなかった。

3 彼の言動は肝に据えかねる。

4 彼は証拠にもなく何度も賭け事に手を出した。

5 適切なものはない。

3 下線部の言葉の用法として適切なものはどれか。

1 彼はのべつ暇なく働いている。

2 あの人の言動は常軌を失っている。

3 彼女は熱に泳がされている。

4 彼らの主張に対して間髪をいれずに反論した。

5 彼女の自分勝手な振る舞いに顔をひそめた。

4 次の文で，下線部が適切でないものはどれか。

1 ぼくの目標は，兄より早く走れる<u>ようになる</u>ことです。

2 先生の<u>おっしゃる</u>ことをよく聞くのですよ。

3 昨日は家で本を読んだり，テレビを<u>見て</u>いました。

4 風にざわめく木々は，まるで私たちにあいさつをして<u>いるようだった</u>。

5 先生の業績については，よく<u>存じております</u>。

5 下線部の言葉の用法が適切でないものはどれか。

1 <u>急いては事を仕損じる</u>ので，マイペースを心がける。

2 彼女は<u>目端が利く</u>。

3 <u>世知辛い</u>世の中になったものだ。

4 安全を<u>念頭に置いて</u>作業を進める。

5 次の試験に<u>標準を合わせて</u>勉強に取り組む。

○○○解答・解説○○○

1 4

解説 1の「愛嬌をふりまく」は，おせじなどをいい，明るく振る舞うこと，2の「的を射る」は的確に要点をとらえること，3の「舌先三寸」は口先だけの巧みに人をあしらう弁舌のこと，4はたくさんの中から選びだされるという意味だが，「白羽の矢が当てられた」ではなく，「白羽の矢が立った」が正しい。5の「二の舞を演じる」は他人がした失敗を自分もしてしまうという意味である。

2 5

解説 1「刀折れ矢尽きる」が正しく，「なす術がなくなる」という意味である。　2　話を進めるきっかけが見つからない。すがることができない，という意味になるのは「取り付く島がない」が正しい。　3　「言動」という言葉から，「我慢できなくなる」という意味の言葉を使う必要がある。「腹に据えかねる」が正しい。　4　「何度も賭け事に手を出した」という部分から「こりずに」という意味の「性懲りもなく」が正しい。

3 4

解説 1「のべつ幕なしに」，2は「常軌を逸している」，3は「熱に浮かされている」，5は「眉をひそめた」が正しい。

4 3

解説 3は前に「読んだり」とあるので，後半も「見たり」にしなければならないが，「見ていました」になっているので表現として適当とはいえない。

5 5

解説 5は，「狙う，見据える」という意味の「照準」を使い，「照準を合わせて」と表記するのが正しい。

非言語分野

計算式・不等式

演習問題

$\boxed{1}$ 分数 $\dfrac{30}{7}$ を小数で表したとき，小数第100位の数字として正しいものはどれか。

  1 1   2 2   3 4   4 5   5 7

$\boxed{2}$ $x=\sqrt{2}-1$ のとき，$x+\dfrac{1}{x}$ の値として正しいものはどれか。

  1 $2\sqrt{2}$ 2 $2\sqrt{2}-2$ 3 $2\sqrt{2}-1$ 4 $3\sqrt{2}-3$
  5 $3\sqrt{2}-2$

$\boxed{3}$ 360の約数の総和として正しいものはどれか。

  1 1060   2 1170   3 1250   4 1280   5 1360

$\boxed{4}$ $\dfrac{x}{2}=\dfrac{y}{3}=\dfrac{z}{5}$ のとき，$\dfrac{x-y+z}{3x+y-z}$ の値として正しいものはどれか。

  1 -2 2 -1 3 $\dfrac{1}{2}$ 4 1   5 $\dfrac{3}{2}$

$\boxed{5}$ $\dfrac{\sqrt{2}}{\sqrt{2}-1}$ の整数部分を a，小数部分を b とするとき，$a\times b$ の値として正しいものは次のうちどれか。

  1 $\sqrt{2}$ 2 $2\sqrt{2}-2$ 3 $2\sqrt{2}-1$ 4 $3\sqrt{2}-3$
  5 $3\sqrt{2}-2$

$\boxed{6}$ $x=\sqrt{5}+\sqrt{2}$，$y=\sqrt{5}-\sqrt{2}$ のとき，x^2+xy+y^2 の値として正しいものはどれか。

  1 15   2 16   3 17   4 18   5 19

$\boxed{7}$ $\dfrac{\sqrt{2}}{\sqrt{2}-1}$ の整数部分をa, 小数部分をbとするとき, b^2の値として正しいものはどれか。

1 $2-\sqrt{2}$　　2 $1+\sqrt{2}$　　3 $2+\sqrt{2}$　　4 $3+\sqrt{2}$

5 $3-2\sqrt{2}$

$\boxed{8}$ ある中学校の生徒全員のうち, 男子の7.5%, 女子の6.4%を合わせて37人がバドミントン部員であり, 男子の2.5%, 女子の7.2%を合わせて25人が吹奏楽部員である。この中学校の女子全員の人数は何人か。

1 246人　　2 248人　　3 250人　　4 252人　　5 254人

$\boxed{9}$ 連続した3つの正の偶数がある。その小さい方2数の2乗の和は, 一番大きい数の2乗に等しいという。この3つの数のうち, 最も大きい数として正しいものはどれか。

1 6　　2 8　　3 10　　4 12　　5 14

○○○解答・解説○○○

$\boxed{1}$ 5

解説　実際に30を7で割ってみると,
$\dfrac{30}{7}=4.28571428571\cdots\cdots$となり, 小数点以下は, 6つの数字"285714"が繰り返されることがわかる。$100\div6=16$余り4だから, 小数第100位は, "285714"のうちの4つ目の"7"である。

$\boxed{2}$ 1

解説　$x=\sqrt{2}-1$を$x+\dfrac{1}{x}$に代入すると,

$x+\dfrac{1}{x}=\sqrt{2}-1+\dfrac{1}{\sqrt{2}-1}=\sqrt{2}-1+\dfrac{\sqrt{2}+1}{(\sqrt{2}-1)(\sqrt{2}+1)}$

$\quad=\sqrt{2}-1+\dfrac{\sqrt{2}+1}{2-1}$

$\quad=\sqrt{2}-1+\sqrt{2}+1=2\sqrt{2}$

3 2

解説 360を素因数分解すると，$360 = 2^3 \times 3^2 \times 5$ であるから，約数の総和は$(1+2+2^2+2^3)(1+3+3^2)(1+5)=(1+2+4+8)(1+3+9)(1+5)=15\times 13\times 6=1170$ である。

4 4

解説 $\dfrac{x}{2}=\dfrac{y}{3}=\dfrac{z}{5}=A$ とおく。

$x=2A,\ y=3A,\ z=5A$ となるから，

$x-y+z=2A-3A+5A=4A,\ 3x+y-z=6A+3A-5A=4A$

したがって，$\dfrac{x-y+z}{3x+y-z}=\dfrac{4A}{4A}=1$ である。

5 4

解説 分母を有理化する。

$$\frac{\sqrt{2}}{\sqrt{2}-1}=\frac{\sqrt{2}(\sqrt{2}+1)}{(\sqrt{2}-1)(\sqrt{2}+1)}=\frac{2+\sqrt{2}}{2-1}=2+\sqrt{2}=2+1.414\cdots=3.414\cdots$$

であるから，$a=3$であり，$b=(2+\sqrt{2})-3=\sqrt{2}-1$ となる。

したがって，$a\times b=3(\sqrt{2}-1)=3\sqrt{2}-3$

6 3

解説 $(x+y)^2=x^2+2xy+y^2$ であるから，

$x^2+xy+y^2=(x+y)^2-xy$ と表せる。

ここで，$x+y=(\sqrt{5}+\sqrt{2})+(\sqrt{5}-\sqrt{2})=2\sqrt{5}$，

$xy=(\sqrt{5}+\sqrt{2})(\sqrt{5}-\sqrt{2})=5-2=3$

であるから，求める$(x+y)^2-xy=(2\sqrt{5})^2-3=20-3=17$

7 5

解説 分母を有理化すると，

$$\frac{\sqrt{2}}{\sqrt{2}-1}=\frac{\sqrt{2}(\sqrt{2}+1)}{(\sqrt{2}-1)(\sqrt{2}+1)}=\frac{2+\sqrt{2}}{2-1}=2+\sqrt{2}$$

$\sqrt{2}=1.4142\cdots\cdots$であるから，$2+\sqrt{2}=2+1.4142\cdots\cdots=3.14142\cdots\cdots$

したがって，$a=3,\ b=2+\sqrt{2}-3=\sqrt{2}-1$といえる。

したがって，$b^2=(\sqrt{2}-1)^2=2-2\sqrt{2}+1=3-2\sqrt{2}$である。

$\boxed{8}$ 3

解説 男子全員の人数をx，女子全員の人数をyとする。

$0.075x + 0.064y = 37 \cdots ①$

$0.025x + 0.072y = 25 \cdots ②$

①−②×3より

$$-) \begin{cases} 0.075x + 0.064y = 37 \cdots ① \\ 0.075x + 0.216y = 75 \cdots ②' \end{cases}$$
$$\overline{ -0.152y = -38}$$

∴ $152y = 38000$ ∴ $y = 250$ $x = 280$

よって，女子全員の人数は250人。

$\boxed{9}$ 3

解説 3つのうちの一番小さいものを$x(x>0)$とすると，連続した3つの正の偶数は，x，$x+2$，$x+4$ であるから，与えられた条件より，次の式が成り立つ。$x^2+(x+2)^2=(x+4)^2$ かっこを取って，$x^2+x^2+4x+4=x^2+8x+16$ 整理して，$x^2-4x-12=0$ よって，$(x+2)(x-6)=0$ よって，$x=-2$, 6 $x>0$だから，$x=6$ である。したがって，3つの偶数は，6, 8, 10である。このうち最も大きいものは，10である。

速さ・距離・時間

演習問題

1. 家から駅までの道のりは30kmである。この道のりを，初めは時速5km，途中から，時速4kmで歩いたら，所要時間は7時間であった。時速5kmで歩いた道のりとして正しいものはどれか。

   1 8km   2 10km   3 12km   4 14km   5 15km

2. 横の長さが縦の長さの2倍である長方形の厚紙がある。この厚紙の四すみから，一辺の長さが4cmの正方形を切り取って，折り曲げ，ふたのない直方体の容器を作る。その容積が64cm³のとき，もとの厚紙の縦の長さとして正しいものはどれか。

   1 $6-2\sqrt{3}$ 2 $6-\sqrt{3}$ 3 $6+\sqrt{3}$ 4 $6+2\sqrt{3}$
   5 $6+3\sqrt{3}$

3. 縦50m，横60mの長方形の土地がある。この土地に，図のような直角に交わる同じ幅の通路を作る。通路の面積を土地全体の面積の $\dfrac{1}{3}$ 以下にするには，通路の幅を何m以下にすればよいか。

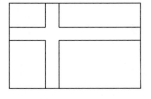

   1 8m   2 8.5m   3 9m   4 10m
   5 10.5m

4. 下の図のような，曲線部分が半円で，1周の長さが240mのトラックを作る。中央の長方形ABCDの部分の面積を最大にするには，直線部分ADの長さを何mにすればよいか。次から選べ。

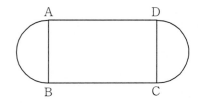

   1 56m   2 58m   3 60m   4 62m   5 64m

⑤ AとBの2つのタンクがあり，Aには8m³，Bには5m³の水が入っている。Aには毎分1.2m³，Bには毎分0.5m³ずつの割合で同時に水を入れ始めると，Aの水の量がBの水の量の2倍以上になるのは何分後からか。正しいものはどれか。

1 8分後 2 9分後 3 10分後 4 11分後 5 12分後

○○○解答・解説○○○

① 2

解説 時速5kmで歩いた道のりを x kmとすると，時速4kmで歩いた道のりは，$(30-x)$ kmであり，時間＝距離÷速さ であるから，次の式が成り立つ。

$$\frac{x}{5}+\frac{30-x}{4}=7$$

両辺に20をかけて，$4x+5(30-x)=7\times20$

整理して，$4x+150-5x=140$

よって，$x=10$ である。

② 4

解説 厚紙の縦の長さを x cmとすると，横の長さは $2x$ cmである。また，このとき，容器の底面は，縦 $(x-8)$ cm，横 $(2x-8)$ cmの長方形で，容器の高さは4cmである。

厚紙の縦，横，及び，容器の縦，横の長さは正の数であるから，

$x>0,\ x-8>0,\ 2x-8>0$

すなわち，$x>8\cdots\cdots$①

容器の容積が64cm³であるから，

$4(x-8)(2x-8)=64$ となり，

$(x-8)(2x-8)=16$

これより，$(x-8)(x-4)=8$

$x^2-12x+32=8$ となり，$x^2-12x+24=0$

よって，$x=6\pm\sqrt{6^2-24}=6\pm\sqrt{12}=6\pm2\sqrt{3}$

このうち①を満たすものは，$x=6+2\sqrt{3}$

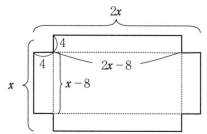

$\boxed{3}$ 4

解説　通路の幅をxmとすると，$0<x<50$……①

また，$50x+60x-x^2\leqq1000$

よって，$(x-10)(x-100)\geqq0$

したがって，$x\leqq10,\ 100\leqq x$……②

①②より，$0<x\leqq10$　つまり，10m以下。

$\boxed{4}$ 3

解説　直線部分ADの長さをxmとおくと，$0<2x<240$より，xのとる値の範囲は，$0<x<120$である。

半円の半径をrmとおくと，

$2\pi r=240-2x$より，

$r=\dfrac{120}{\pi}-\dfrac{x}{\pi}=\dfrac{1}{\pi}(120-x)$

長方形ABCDの面積をym²とすると，

$y=2r\cdot x=2\cdot\dfrac{1}{\pi}(120-x)x$

$=-\dfrac{2}{\pi}(x^2-120x)$

$=-\dfrac{2}{\pi}(x-60)^2+\dfrac{7200}{\pi}$

この関数のグラフは，図のようになる。yは$x=60$のとき最大となる。

$\boxed{5}$ 3

解説　x分後から2倍以上になるとすると，題意より次の不等式が成り立つ。

$8+1.2x\geqq2(5+0.5x)$

かっこをはずして，$8+1.2x\geqq10+x$

整理して，$0.2x\geqq2$　よって，$x\geqq10$

つまり10分後から2倍以上になる。

演習問題

1 1個のさいころを続けて3回投げるとき，目の和が偶数になるような場合は何通りあるか。正しいものを選べ。

　1　106通り　　　2　108通り　　　3　110通り　　　4　112通り

　5　115通り

2 A，B，C，D，E，Fの6人が2人のグループを3つ作るとき，AとBが同じグループになる確率はどれか。正しいものを選べ。

　1　$\dfrac{1}{6}$　　2　$\dfrac{1}{5}$　　3　$\dfrac{1}{4}$　　4　$\dfrac{1}{3}$　　5　$\dfrac{1}{2}$

○○○解答・解説○○○

1 2

解説　和が偶数になるのは，3回とも偶数の場合と，偶数が1回で，残りの2回が奇数の場合である。さいころの目は，偶数と奇数はそれぞれ3個だから，

　(1)　3回とも偶数：$3 \times 3 \times 3 = 27$〔通り〕

　(2)　偶数が1回で，残りの2回が奇数

　　・偶数/奇数/奇数：$3 \times 3 \times 3 = 27$〔通り〕

　　・奇数/偶数/奇数：$3 \times 3 \times 3 = 27$〔通り〕

　　・奇数/奇数/偶数：$3 \times 3 \times 3 = 27$〔通り〕

したがって，合計すると，$27 + (27 \times 3) = 108$〔通り〕である。

2 2

解説　A，B，C，D，E，Fの6人が2人のグループを3つ作るときの，すべての作り方は$\dfrac{{}_6C_2 \times {}_4C_2}{3!} = 15$通り。このうち，AとBが同じグループになるグループの作り方は$\dfrac{{}_4C_2}{2!} = 3$通り。よって，求める確率は$\dfrac{3}{15} = \dfrac{1}{5}$である。

●情報提供のお願い●

就職活動研究会では，就職活動に関する情報を募集しています。

エントリーシートやグループディスカッション，面接，筆記試験の内容等について情報をお寄せください。ご応募はメールアドレス（edit@kyodo-s.jp）へお願いいたします。お送りくださいました方々には薄謝をさしあげます。

ご協力よろしくお願いいたします。

会社別就活ハンドブックシリーズ

ニトリ HD の
就活ハンドブック

編　者　就職活動研究会

発　行　令和 6 年 2 月 25 日

発行者　小貫輝雄

発行所　協同出版株式会社

〒 101 - 0054
東京都千代田区神田錦町 2 - 5
電話　03 - 3295 - 1341
振替　東京00190 - 4 - 94061

印刷所　協同出版・POD 工場

落丁・乱丁はお取り替えいたします

●2025年度版●
会社別就活ハンドブックシリーズ
【全111点】

運　輸

東日本旅客鉄道の就活ハンドブック

東海旅客鉄道の就活ハンドブック

西日本旅客鉄道の就活ハンドブック

東京地下鉄の就活ハンドブック

小田急電鉄の就活ハンドブック

阪急阪神 HD の就活ハンドブック

商船三井の就活ハンドブック

日本郵船の就活ハンドブック

機　械

三菱重工業の就活ハンドブック

川崎重工業の就活ハンドブック

IHI の就活ハンドブック

島津製作所の就活ハンドブック

浜松ホトニクスの就活ハンドブック

村田製作所の就活ハンドブック

クボタの就活ハンドブック

金　融

三菱 UFJ 銀行の就活ハンドブック

三菱 UFJ 信託銀行の就活ハンドブック

みずほ FG の就活ハンドブック

三井住友銀行の就活ハンドブック

三井住友信託銀行の就活ハンドブック

野村證券の就活ハンドブック

りそなグループの就活ハンドブック

ふくおか FG の就活ハンドブック

日本政策投資銀行の就活ハンドブック

建設・不動産

三菱地所の就活ハンドブック

三井不動産の就活ハンドブック

積水ハウスの就活ハンドブック

大和ハウス工業の就活ハンドブック

鹿島建設の就活ハンドブック

大成建設の就活ハンドブック

清水建設の就活ハンドブック

資源・素材

旭旭化成グループの就活ハンドブック

東レの就活ハンドブック

ワコールの就活ハンドブック

関西電力の就活ハンドブック

日本製鉄の就活ハンドブック

中部電力の就活ハンドブック

九州電力の就活ハンドブック

自動車

トヨタ自動車の就活ハンドブック

デンソーの就活ハンドブック

本田技研工業の就活ハンドブック

日産自動車の就活ハンドブック

商　社

三菱商事の就活ハンドブック

伊藤忠商事の就活ハンドブック

住友商事の就活ハンドブック

双日の就活ハンドブック

丸紅の就活ハンドブック

豊田通商の就活ハンドブック

三井物産の就活ハンドブック

情報通信・IT

NTT データの就活ハンドブック

サイバーエージェントの就活ハンドブック

NTT ドコモの就活ハンドブック

LINE ヤフーの就活ハンドブック

野村総合研究所の就活ハンドブック

SCSK の就活ハンドブック

日本電信電話の就活ハンドブック

富士ソフトの就活ハンドブック

KDDI の就活ハンドブック

日本オラクルの就活ハンドブック

ソフトバンクの就活ハンドブック

GMO インターネットグループ

楽天の就活ハンドブック

オービックの就活ハンドブック

mixi の就活ハンドブック

DTS の就活ハンドブック

グリーの就活ハンドブック

TIS の就活ハンドブック

食品・飲料

サントリー HD の就活ハンドブック

日本たばこ産業 の就活ハンドブック

味の素の就活ハンドブック

日清食品グループの就活ハンドブック

キリン HD の就活ハンドブック

山崎製パンの就活ハンドブック

アサヒグループ HD の就活ハンドブック

キユーピーの就活ハンドブック

生活用品

資生堂の就活ハンドブック

武田薬品工業の就活ハンドブック

花王の就活ハンドブック

電気機器

三菱電機の就活ハンドブック	パナソニックの就活ハンドブック
ダイキン工業の就活ハンドブック	富士通の就活ハンドブック
ソニーの就活ハンドブック	キヤノンの就活ハンドブック
日立製作所の就活ハンドブック	京セラの就活ハンドブック
ＮＥＣの就活ハンドブック	オムロンの就活ハンドブック
富士フイルム HD の就活ハンドブック	キーエンスの就活ハンドブック

保　　険

東京海上日動火災保険の就活ハンドブック	三井住友海上火災保険の就活ハンドブック
第一生命ホールディングスの就活ハンドブック	損保ジャパンの就活ハンドブック

メディア

日本印刷の就活ハンドブック	エイベックスの就活ハンドブック
博報堂 DY の就活ハンドブック	東宝の就活ハンドブック
TOPPAN ホールディングスの就活ハンドブック	

流通・小売

ニトリ HD の就活ハンドブック	ZOZO の就活ハンドブック
イオンの就活ハンドブック	

エンタメ・レジャー

オリエンタルランドの就活ハンドブック	任天堂の就活ハンドブック
アシックスの就活ハンドブック	カプコンの就活ハンドブック
バンダイナムコ HD の就活ハンドブック	セガサミー HD の就活ハンドブック
コナミグループの就活ハンドブック	タカラトミーの就活ハンドブック
スクウェア・エニックス HD の就活ハンドブック	

▼会社別就活ハンドブックシリーズにつきましては，協同出版
のホームページからもご注文ができます。詳細は下記のサイ
トでご確認下さい。
https://kyodo-s.jp/examination_company